그림책 활용 수업 레시피

그림책 활용 수업 레시피

초판1쇄 2024년 2월 14일
지은이 그림책으로 수업을 그리는 교사 모임
(김문화 · 여한기 · 김애자)
책임편집 최문성
디자인 도로시
펴낸이 최문성
펴낸곳 도서출판 달구북
출판등록 › 제2022-000001호
주소 › 대구광역시 수성구 범안로4안길 28, 1층 (범물동)
전화 › 070.4175.7470 팩스 › 0504.199.0257
전자우편 › dalgubook21@naver.com
홈페이지 › www.달구북.com

ISBN 979-11-90458-40-5 (13370)

값은 뒤표지에 있습니다.

그림책 활용 수업 레시피

그림책으로 수업을 그리는 교사 모임

달구북

추천의 말

그림책은 책의 두께는 얇지만 그 속에 담긴 내용은 매우 깊습니다. 작가가 100만큼의 의미로 작품을 표현했다면, 독자가 작품을 어떻게 읽느냐에 따라 이해하는 의미의 깊이는 1,000이 될 수도, 10,000이 될 수도 있습니다. 세상에는 이런 그림책이 수없이 많고, 또 좋은 그림책을 골라 학생들과 함께하고 싶어 하는 선생님도 아주 많습니다. 그런데 그게 실제 해보려고 하면 막상 쉽게 되지는 않습니다. 이 책은 그림책으로 학생들과 즐거운 소통을 하고 싶은 선생님들께 아주 좋은 길잡이가 될 것입니다. 그림책을 활용한 수업 준비 안내에서 시작해 수업 활동 과정에서 얻을 수 있는 아이디어를 거쳐 수업 자료 및 학습 결과와 덧붙여 수업 후기까지 일련의 과정을 알차게 담았습니다. 많은 선생님들이 이 책을 통해 아이들과 그림책으로 소통하며, 작품의 의미와 더불어 삶의 의미를 풍성히 키워나가기를 바랍니다.

김대조 (동화작가, 초등 국어 교과서 집필위원)

이 책은 아이들과 즐겁고 의미 있는 수업을 꿈꾸는 수석교사 세 분이 만들었습니다. 교과서와 그림책을 연계한 수업이 아이들을 배움에 몰입하게 합니다. 아이들은 핵심 질문으로 답을 찾아가는 과정에서 그림책 내용을 이해합니다. 교육 연극, 질문 주고받기, 표정 그리기 등 다양한 활동을 하며 책에 빠져듭니다. 그런 과정에서 나와 친구의 감정, 내 삶의 가치를 발견하고 성찰합니다. 이 책은 국어, 도덕, 과학, 통합교과 수업과 연계해 바로 사용하도록 구성되었습니다. 그림책으로 아이들과 어떤 수업을 할까 고민하는 선생님께 일독을 권합니다.

이인희 (수석교사, 저서 〈그림책 놀이수업의 기적〉 외 다수)

수업에 있어서 문학의 활용은 생각보다 그 범위가 넓습니다. 직접 관련이 있는 국어 수업은 차치하고, 문학은 타 교과에도 아주 유용한 수업 재료가 되어 줍니다. 그중 특히 그림책은 시각으로 전달하는 힘이 커 짧은 시간에 많은 것을 전달할 수 있습니다. 학교 현장엔 그림책 수업을 재미있게 하고 싶은 교사들이 적지 않습니다. 그들 중 구체적인 방법을 몰라 어려움을 겪는 경우도 부지기수일 것입니다. 수석교사님들이 머리를 맞대고 만든 〈그림책 활용 수업 레시피〉는 현장에서 그림책 수업을 고민하고 있는 많은 교사들에게 아주 좋은 안내서가 되어줄 것입니다.

김용세 (동화작가, 저서 〈신기한 맛 도깨비 식당〉 외 다수)

그림책은 단순한 이야기를 넘어서 교육적 소통의 다리가 되어 줍니다. 이 책은 아이들의 공감을 불러일으키는 그림책을 통해 아이들의 마음을 열고 즐겁게 수업할 수 있는 절차와 방법을 알려줍니다. 그림책이 담고 있는 다층적 의미를 교육 현장에서 어떻게 활용할 수 있는지, 그 과정에서 어떻게 아이들과 깊이 있는 소통을 할 수 있는지 구체적인 방법을 제시합니다. 이 책을 통해 많은 선생님들이 그림책의 숨겨진 가치를 발견하고, 그 가치를 학생들과 공유함으로써 더욱 의미 있는 교과 수업을 만들어 갈 수 있기를 기대합니다.

최규홍 (진주교육대학교 국어교육과 교수)

들어가는 말

그림책, 교과 수업의 날개가 되다!

'교과서 글이 너무 어렵고 딱딱한데, 좀 더 쉽고 흥미로운 글이 없을까?'

'이 이야기는 우리 반 아이들의 관심사와는 좀 거리가 있어 보이는데, 아이들이 좀 더 공감할 만한 이야기는 없을까?'

교과서 글로 수업을 하다 보면 간혹 이런 고민을 하게 됩니다. 우리가 교실에서 만나는 아이들이 때로는 교과서가 설정하고 있는 일반적인 수준에 미치지 못한다든지(혹은 그 반대일 수도), 교과서에서 다루는 소재가 요즘 우리 반 아이들의 관심사와 딱 맞아떨어지지 않을 수 있기 때문이지요. 이런 경우 선생님들은 아이들의 수준과 흥미에 좀 더 부합하는 다른 텍스트를 찾게 됩니다. 더군다나 요즘은 국가 교육과정을 학교 교육과정, 교사 교육과정으로 재구성하여 우리 학교, 우리 반에 맞춤화된 수업을 하는 것이 매우 중요하게 여겨지지요.

저희는 초등 국어, 도덕, 통합교과 수석교사로서 각자 전공 교과에서 여러 해 동안 전문성을 쌓아 왔습니다. 각 교과 전문성을 바탕으로 학생들에게 의미 있고 재미있는 수업을 제공하기 위해 교과서를 넘어선 다양한 매체를 탐색하며, 학생들에게 맞춤화된 교육 자료로 수업을 하기 위해 노력했습니다. 틈나는 대로 학교 도서관에 가서 그림책, 동화책, 어린이 잡지 등 다양한 유형의 도서를 살펴보고, 인터넷 검색 등 온라인에서도 좋은 자료를 찾아 헤맸습니다. 그러다가 수업 자료로서의 그림책의 가치를 발견하게 되었습니다.

그림책은 딱딱한 주제의 수업에 아이들이 쉽게 다가갈 수 있게 해주었습니다. 또 누구나 한 번쯤 겪었을 법한 이야기로 아이들의 공감을 불러일으키기 쉬웠습니다. 어렵고 흥미가 낮은 텍스트 내용을 이해시키느라 정작 수업 주제에는 다가가지 못했던 수업이 그림책을 활용하니 수월해졌습니다.

그림책을 교과 수업에 활용했다고 하면 국어 교과를 떠올리기 쉽습니다. 하지만 그림책의 다양한 매력은 특정 교과목이나 특정 수업 장면에만 한정된 것이 아니었습니다.

'도덕적 문제 상황을 실생활과 연관된 그림책 이야기에서 가져오면 어떨까?'

'그림책 읽기로 과학적 문제 해결의 필요성을 도입하고, 문제 해결 결과를 이용하여 그림책 이야기를 창의적으로 바꾸어 써보면 어떨까?'

이처럼 저희는 각자 자신의 전공 교과에서 학생들의 수업 흥미를 높이고, 실생활과 배움을 연결하고자 하는 의도와 바람으로 그림책을 교과 수업에 활용하였습니다. 이런 공통의 관심사로 인해 함께하는 모임이 만들어지게 되었습니다. 시작은 개인적 모임이었지만, 대구광역시교육청에서 지원하는 〈독서인문교육 연구회〉로 선정되면서 좀 더 본격적인 연구 활동을 하게 되었습니다. 몇 년 간 연구회 활동을 하는 동안 저희는 그림책이나 수업에 관련된 연수를 함께 듣고, 각자 수업하고 연구한 결과를 공유하며 교사로서 함께 성장해 왔습니다. 그동안의 연구회 활동 결과물이 마침 대구광역시교육청이 출판을 지원하는 교원 책쓰기 우수작품으로 선정되어, 『그림책 활용 수업 레시피』라는 제목의 책으로 출판할 수 있게 되었습니다.

요즘 출간되는 책이나 그림책 수업을 하시는 선생님들을 보면 그림책이 학교 교육에 다방면으로 활용되고 있음을 알 수 있습니다. 그림책을 이용한 학급경영, 그림책을 이용한 생활교육, 그림책을 이용한 범교과 주제 수업, 그림책 동아리 수업 등 학교 교육 전반에서 그림책의 가치가 빛나고 있습니다. 그림책 활용법은 다양하지만, 이 책은 그중에 초등학교 교과 수업에 그림책을 활용한 사례를 담고 있습니다.

그림책을 활용한 교과 수업을 위해 먼저, 교과별 성취 기준 및 학습 주제를 검토하여 수업에 활용할 수 있는 그림책을 선정하였습니다.

그리고 선정한 그림책을 활용한 교수평기(교육과정-수업-평가-기록) 기반 수업을 설계하여 실행하였습니다. 특히 고민한 것은, 그림책을 수업에 억지로 끼워 넣는 것이 아닌, 그림책이 교과 수업에 자연스럽게 녹아드는 것이었습니다. 다시 말해 그림책을 활용하여 교과의 성취 기준을 효율적으로 달성할 수 있는 교수평기가 일체화된 수업을 하는 것이었습니다.

아직은 수업 사례가 충분하지 않지만, 앞으로 더 많은 교과, 더 많은 수업에 활용할 수 있는 좋은 그림책을 찾아 연구를 계속하려고 합니다. 그리하여 학생들과 더 의미 있고, 더 재미있는 수업을 할 수 있기를 바랍니다. 나아가 연구의 결과가 오늘보다 더 나은 내일의 수업을 고민하시는 선생님들께도 작은 보탬이 되면 좋겠습니다.

2024년 1월

그림책으로 수업을 그리는 교사 모임

차 례

I 그림책 활용 국어 수업

대구덕인초 수석교사 김문화

II 그림책 활용 도덕 수업

대구감천초 수석교사 여한기

III 그림책 활용 과학 수업

대구성산초 수석교사 김애자

IV 그림책 활용 통합교과 수업

대구성산초 수석교사 김애자

I

그림책 활용 국어 수업

대구덕인초 수석교사 **김문화**

그림책으로 국어 수업을 하면 뭐가 좋지?

아이들의 삶을 수업에 가져올 수 있다.

그림책에 등장하는 인물의 이야기를 읽고 자연스럽게 내 이야기를 꺼낼 수 있다. '나도 저랬었지.', '나라면…' 하는 아이들의 삶 이야기가 수업에 녹아들어 아이들을 배움에 몰입하게 만든다. 아이들의 삶과 연결된 그림책이 아이들을 몰입하게 하고, 배움을 삶으로 연결시키게 되는 것이다.

수준과 흥미에 맞는 텍스트로 학습 효과를 높일 수 있다.

교과서의 텍스트가 학생들의 관심사나 수준과 맞지 않는 경우가 있다. 학생들의 배경지식이나 경험과 거리가 있는 텍스트는 내용을 이해하는 자체가 어려울 수 있어 성취 기준 도달을 어렵게 만든다. 학생들이 관심을 가질만한, 학생 수준에 적합한 그림책을 활용하면 학습 효과가 훨씬 높아진다.

인물은 어떻게 말하고 행동했을까?

인물의 모습 상상하며 이야기 듣고 읽기

괴물들이 사는 나라

글 · 그림: 모리스 샌닥
시공주니어(2002)

맥스는 밤에 늑대 옷을 입고 심한 장난을 친다. 이를 본 엄마가 맥스에게 소리를 치자 맥스는 맞받아서 엄마에게 소리친다.

밤새 항해를 해서 괴물 나라에 간 맥스는 괴물 나라의 왕이 되어 한바탕 괴물 소동을 벌이지만, 그곳엔 자신을 사랑해 주는 사람이 없음을 깨닫고 다시 집으로 돌아온다.

맥스는 엄마에게 화를 낼 때, 괴물들에게 호통을 칠 때, 어떤 모습이었을까?

항해를 하는 맥스의 표정은 어땠을까?

맥스는 어떤 말투로 말하고, 어떻게 행동했을까?

수업 준비

BOOK RECIPE

이야기의 주인공 맥스는 학생들과 비슷한 또래로, 상황에 따라 감정을 분명하게 드러냅니다. 심하게 화를 내기도 하고, 아주 즐거워하기도 하며, 우울해하기도 합니다. 이처럼 다양한 상황에서 맥스의 말과 행동을 통해 맥스의 모습을 상상할 수 있습니다. 인물의 모습을 상상하며 이야기를 읽으면, 인물을 중심으로 이야기를 파악하고 이야기를 더 재미있게 읽을 수 있습니다.

관련 성취 기준

[국어] 2022 성취 기준	[2국 05-02] 작품을 듣거나 읽으면서, 느끼거나 생각한 점을 말한다. [2국 05-02] 작품 속 인물의 모습, 행동, 마음을 상상하며 시, 노래, 이야기, 그림 등으로 표현한다.

수업 활동

읽기 전

수업 주제 및 그림책과 연결 짓는 이야기 나누기

1. 기분이 좋을 때, 화가 많이 났을 때, 나는 어떻게 말하고 행동하나요?
2. 내가 상상하는 괴물은 어떤 모습인가요? 괴물은 어떻게 말하고 행동하나요?
3. 이야기를 읽을 때, 인물의 모습을 상상하고 표현해 보면 무엇이 좋을까요?

읽기 중

질문으로 내용 파악하기

1. 엄마는 왜 맥스에게 소리쳤나요?
2. 맥스는 어떻게 해서 괴물들을 꼼짝 못 하게 했나요?
3. 괴물 나라의 왕이 된 맥스는 괴물들과 무엇을 했나요?
4. 맥스는 왜 괴물 나라 왕을 그만두기로 했나요?
5. 맥스가 떠나려고 하자 괴물들은 어떻게 했나요?

상황에 따른 맥스의 기분을 짐작하고 표정이나 몸짓 상상하기

1. 저녁도 못 먹고 방에 갇혔을 때
2. 괴물 나라의 왕이 되었을 때
3. 괴물 나라에 자기를 사랑해 주는 사람이 없다는 걸 알게 되었을 때
4. 다시 자신의 방으로 돌아와 따뜻한 저녁밥을 발견했을 때

BOOK RECIPE

그림책을 읽는 중간중간 학생들이 내용을 제대로 이해하고 있는지 질문을 통해 확인하고, 인물의 마음도 짐작해 보게 해야 읽기 후 상황에 따른 인물의 말과 행동을 잘 표현할 수 있습니다. 그렇지만 읽기 도중 질문이나 이야기가 너무 길어지면 오히려 몰입에 방해가 되기도 하므로 주의해야 합니다.

읽기 후

일이 일어난 차례대로 이야기 내용 말하기

1. 중심 낱말이 비어 있는 문장 채우기
2. 이야기 차례에 따라 문장의 순서 정하기
3. 문장 순서에 따라 이야기 내용을 차례에 맞게 말하기
4. 짝과 함께 주고받으며 이야기 내용 간추리기

| 5단 구성으로 이야기 내용 간추리기 |

① 괴물 나라의 왕이 된 맥스는 괴물들과 함께 ______ 을 벌였습니다.

② 맥스는 맥스호를 타고 일 년쯤 항해한 끝에 ______ 에 도착했습니다.

③ 맥스는 장난을 심하게 쳐서 엄마에게 혼이 나고, ______ 도 못 먹고, ______ 에 갇혔습니다.

④ 맥스는 자기를 ______ 해 주는 사람이 있는 곳으로 돌아가고 싶었습니다.

⑤ 다시 제 방으로 돌아왔을 때, (   )이 맥스를 기다리고 있었습니다.

문장 순서: ______ → ______ → ______ → ______ → ______

맥스의 모습 상상하기

1. 맥스의 모습을 상상할 수 있는 장면 찾기
2. 해당 장면에서 맥스가 한 말과 행동 떠올리기
3. 말과 행동을 통해 맥스의 모습(표정과 몸짓)을 상상하여 말하기

상상한 맥스의 모습 표현하기

1. 맥스의 모습을 표정과 몸짓으로 표현하기
2. 맥스의 모습을 어울리게 잘 표현한 친구 찾아보기
3. 인물의 모습을 상상하여 표현해 봄으로써 알게 된 점, 느낀 점 나누기

BOOK RECIPE

몸으로 하는 표현 활동을 유난히 부끄러워하며 소극적으로 임하는 학생들이 있습니다. 이런 학생들을 위해 자유롭고 허용적인 분위기 조성이 필요합니다. 때로는 교사나 희망 학생의 시범에서 과장되고 익살스러운 표현이 분위기를 부드럽게 만들어 줄 수도 있습니다.

평가(채점) 기준표

성취 기준	[2국 05-02] 작품 속 인물의 모습, 행동, 마음을 상상하며, 시, 노래, 이야기, 그림 등으로 표현한다.	
평가 요소	인물의 모습을 상상하여 표정과 몸짓으로 표현하기	
평가 방법	실연, 관찰평가	
평가 기준	상	표정과 몸짓에서 인물의 특징이 구체적으로 잘 나타남.
	중	표정과 몸짓에서 인물의 특징을 엿볼 수 있음.
	하	표정과 몸짓에서 인물의 특징을 찾아보기 어려움.

관련 도서

파닥파닥 해바라기	화가 났어요	종이 봉지 공주
글 · 그림: 보람 길벗어린이(2020)	글: 게일 실버 그림: 크리스틴 크뢰머 불광출판사(2010)	글: 로버트 먼치 그림: 마이클 마르첸코 비룡소(1998)
큰 해바라기들 틈에서 겨우겨우 살아가는 작은 해바라기가 주인공이다. 파닥파닥 날갯짓을 하는 모습, 마침내 존재를 드러내고 기뻐하는 해바라기의 모습을 표현해 볼 수 있다.	주인공 얀이 화를 내고, 화를 삭이는 과정의 이야기이다. 할아버지의 말을 듣지 않고 화를 내는 얀의 모습, 차차 화를 가라앉히고 편안해진 얀의 모습을 표현해 볼 수 있다.	말과 행동에서 인물의 성격이 잘 드러난다. 왕자를 사랑스럽게 바라보는 공주, 지혜로 용을 물리치는 공주, 왕자에게 시원한 한방을 선사하는 공주의 모습을 상상하여 표현해 볼 수 있다.

수업 후기

아이들 이야기

- 처음에는 맥스의 모습을 흉내 내기가 쑥스러웠다. 맥스는 목소리도 크고 소리도 지르는데, 그런 모습을 표현하기가 어려웠다. 하지만 친구들이 표현한 모습을 보는 것은 재미있고 웃겼다.

- 남자 친구들이 맥스와 괴물들이 괴물 소동을 벌이는 모습을 흉내낸 것이 특히 웃겼다.

- 맥스는 정말 장난이 심한 장난꾸러기인 것 같다. 아마 내가 집에서 맥스처럼 행동했다면 엄청 혼이 났을 것이다. 맥스의 엄마는 맥스를 혼냈지만, 맥스에게 따뜻한 밥을 차려주었다. 우리 엄마도 나를 혼내시지만, 다시 달래주시는 것과 비슷하다.

- 맥스가 마법을 써서 괴물들을 꼼짝 못 하게 만드는 장면을 흉내 내었는데 내가 마법을 부릴 수 있게 된 것 같아 재미있었다.

선생님 이야기

- 그림책을 처음 읽었을 때는 과장되고 지나친 맥스의 장난과 말에 거부감이 들었다. 또 맥스의 방이 숲이 되고, 바다가 되고, 세계 전체가 되어, 맥스가 괴물 나라를 다녀온다는 설정도 자연스러워 보이지 않았다.

  그러나 아이들이 공감할 만한 내용을 담고 있고, 인물의 말과 행동을 통해 인물의 모습을 상상하기에 적합한 그림책이라 생각되어 수업에 활용했다.

  그 결과 교사가 걱정했던 지점은 아이들에게는 아무런 문제가 되지 않았다. 아마도 교사는 그림책을 아이들의 세계를 충분히 이해하지 못한 어른의 관점에서 보았기 때문인 것 같다.

  아이들은 자신의 경험에 비추어 맥스에게 감정을 이입하며, 맥스의 말과 행동을 통해 맥스의 모습을 표현했고, 이를 즐거워했다.

인물의 마음은 어떨까?

인물의 처지와 마음을 짐작하며 이야기 읽기

내 빤스

글 · 그림: 박종채
키다리(2023)

아홉 살인 주인공 철수는 칠 남매 중 막내이다. 철수는 책과 학용품은 말할 것도 없고 옷까지 물려 입는다.
신체검사 날, 철수는 엄마가 새것처럼 만들어 주신 팬티를 입고 학교에 가지만, 알고 보니 그건 빨간 나비 리본이 달린 여자 팬티였다. 친구들은 누나 빤스를 입고 왔다며 놀려댄다.
집으로 돌아온 철수는 밥도 먹지 않고 잠이 드는데, 밤새 새 빤스를 입고 하늘을 나는 꿈을 꾼다.

친구들에게 놀림을 받았을 때, 새 빤스를 입었을 때, 철수는 어떤 마음이었을까?

수업 준비

BOOK RECIPE

이 책은 두 가지 상황에서 주인공 철수의 마음이 선명하게 잘 대비되어 드러나기 때문에 '인물의 마음 짐작하기' 활동에 유용합니다. 주인공 철수는 마침 아홉 살로 2학년 학생들과 나이가 같아서 학생들이 주인공에게 더 잘 공감할 수 있었습니다. 철수처럼 속상하고 부끄러웠을 때, 하늘을 날 듯이 기뻤던 때를 떠올려 볼 수 있습니다.

관련 성취 기준

[국어] 2022 성취 기준	[2국 02-04] 인물의 마음이나 생각을 짐작하고, 이를 자신과 비교하며 글을 읽는다. [2국 05-02] 작품 속 인물의 모습, 행동, 마음을 상상하며 시, 노래, 이야기, 그림 등으로 표현한다.

수업 활동

읽기 전

질문으로 내용 예측하기

1. 표지 그림으로 보아 주인공의 나이는 몇 살쯤 되었을까요?
2. 표지 그림에 나오는 집 모양을 보아 이 이야기는 언제 적 이야기일까요?
3. '팬티'라고 하지 않고, '빤쓰'라고 하는 것으로 보아 어떤 것을 알 수 있나요?
4. 표지 그림을 보고 어떤 것이 생각나나요? 이상하거나 재미있는 점은 무엇인가요?
5. 제목과 표지 그림으로 보아 어떤 이야기가 펼쳐질까요?

읽기 중

질문으로 내용 파악하기 / 드러나지 않은 내용 짐작하기

1. 철수는 형들과 누나들로부터 어떤 것을 물려받나요?
2. 아빠는 새 옷을 사달라고 떼를 쓰는 작은 형과 누나를 왜 혼냈을까요?
3. 신체검사 날, 철수가 입고 간 팬티에 왜 리본 무늬가 달려있었을까요?
4. 신체검사 날, 친구들이 모두 옷을 벗은 후에야 옷을 벗은 것으로 보아 철수는 어떤 성격일까요?

상황에 따른 인물의 처지와 마음 짐작하기

1. 친구들이 팬티를 보고 놀렸을 때 철수의 마음은 어땠을까요?
2. 밥도 먹지 않는 철수를 본 엄마의 마음은 어떨까요?
3. 강아지 그림의 새 팬티를 입은 철수의 마음은 어떨까요?

BOOK RECIPE

인물이 처한 상황에 어울리는 표정, 몸짓, 말투를 흉내 내어 봄으로써 인물의 마음을 더 잘 이해할 수 있습니다. 이야기 속 인물이 되어 상황에 어울리는 표정, 몸짓, 말투로 표현해 봄으로써 이야기에 더 몰입하는 효과도 볼 수 있습니다.

읽기 후

일이 일어난 차례대로 이야기 내용 정리하기

1. 그림책을 다시 훑어보며 이야기 내용 떠올리기
2. 마음속으로 이야기 내용 간단히 정리하기
3. 짝과 함께 한 문장씩 주고받으며 이야기 내용 간추리기

인물의 마음을 짐작하게 하는 질문을 만들어 주고받기

1. 인물의 마음이 잘 드러난 부분 찾기
2. 인물의 마음이 어떨지 짐작하게 하는 질문 만들기
3. 질문 주고받기로 서로의 생각과 경험 나누기

인물과 같은 마음이 들었던 때 떠올리기

1. 철수의 마음이 어떻게 변화했는지 정리하기
2. 철수처럼 부끄럽고 속상했던 경험 이야기하기
3. 철수처럼 하늘을 날 것같이 기쁘고 행복했던 경험 이야기하기

이야기의 한 장면 표현하기

1. 표현할 이야기 장면 고르기
2. 고른 장면의 대사를 모두 '어쩌구, 저쩌구'로 표현하기
   - 한 사람은 '어쩌구, 어쩌구', 다른 사람은 '저쩌구, 저쩌구'로 표현하기
   - 대사가 없는 장면에서도 '어쩌구, 저쩌구'를 넣어 표현하기
3. '어쩌구, 저쩌구' 대사와 함께 장면에 어울리는 표정, 몸짓, 말투로 표현하기
4. 친구들의 발표를 감상하고 어떤 장면을 표현한 것인지 맞히기
5. 어떤 친구가 인물의 마음에 적절한 표정, 몸짓, 말투로 잘 표현했는지 평가해 보기

BOOK RECIPE

인물이 하는 말을 '어쩌구, 저쩌구'로 표현하게 하면, 대사에 신경 쓰느라 미처 신경 쓰지 못했던 표정이나 몸짓에 좀 더 집중할 수 있게 됩니다. 또한 대사 없이 장면을 파악해야 하므로 보는 입장에서도 좀 더 집중해서 관람할 수 있게 됩니다.

수업 자료 및 학습 결과

인물의 마음 짐작하기

1. 다음 상황에서 철수의 마음은 어떨지 짐작하고 표정을 그려 봅시다.

	친구들이 여자 팬티를 입었다고 놀릴 때	멋진 새 빤스를 입었을 때
철수의 마음		
철수의 표정	○	○

2. 나는 언제 철수와 같은 마음이 들었나요?

부끄러운 마음	기쁜 마음

인물의 마음을 짐작하게 하는 질문 주고받기 사례

Q. 내가 철수처럼 친구들에게 놀림을 받았다면 기분이 어땠을까?
ㄴ 기분이 나쁘고 누군가 도와줬으면 하고 생각했을 것이다.

Q. 철수는 신체검사 다음 날 왜 학교에 가기 싫었을까?
ㄴ 자신을 놀린 친구들을 보고 싶지 않아서, 또 놀릴 것 같아서.

Q. 엄마는 왜 철수에게 강아지 그림이 있는 팬티를 만들어 줬을까?
ㄴ 친구들에게 놀림을 받은 철수에게 미안해서.

Q. 엄마가 만들어 주신 새 팬티를 입었을 때 철수의 기분은 어땠을까?
ㄴ 신나고 기분이 좋았을 것이다.

Q. 철수가 하늘을 나는 꿈을 꿨을 때 기분이 어땠을까?
ㄴ 이게 꿈이 아니라면 계속 이대로였으면 좋겠다.

평가(채점) 기준표

성취 기준	[2국 02-04] 인물의 마음이나 생각을 짐작하고 이를 자신과 비교하며 글을 읽는다.	
평가 요소	인물의 마음을 짐작하고 자신의 생각과 느낌이 드러나게 인물에게 편지글 쓰기	
평가 방법	서술평가, 관찰평가	
평가 기준	상	인물의 마음을 매우 적절하게 짐작하고 자신의 생각이나 느낌이 잘 드러나게 글을 씀.
	중	인물의 마음을 대체로 적절하게 짐작하고 자신의 생각이나 느낌이 드러나게 글을 씀.
	하	인물의 마음을 짐작한 내용이나 자신의 생각이나 느낌을 쓴 내용이 미흡함.

관련 도서

칠판 앞에 나가기 싫어	보이지 않는 아이	혼나지 않게 해 주세요
글: 다니엘 포세트 그림: 베로니크 보아르 비룡소(2022)	글: 트루디 루드위그 그림: 패트리스 바톤 책과콩나무(2013)	글: 구스노키 시게노리 그림: 이시이 기요타카 베틀북(2009)
칠판 앞에 나가기를 두려워하는 주인공이 자신처럼 부끄러움 많은 새로 온 선생님을 도와주면서 성장해 나가는 이야기. 여러 상황에서 인물의 마음을 짐작해 보고 공감해 볼 수 있다.	제목처럼 친구들 사이에서 소외당하는 주인공의 마음을 짐작해 보고, 이런 친구들을 어떻게 대해야 할지 생각해 보는 활동에 활용할 수 있다.	잘하고 싶지만 엄마에게, 선생님에게 매일 혼나는 주인공. 주인공의 마음을 짐작하고, 주인공이나 주인공의 주변 인물에게 하고 싶은 말을 표현해 볼 수 있다.

수업 후기

아이들 이야기

- '검정 고무신' 만화의 기영이, 기철이가 떠올랐다. 철수가 기영이와 비슷한 것 같았다. 기영이를 떠올리니 이야기가 잘 이해되었다.

- 옛날에는 모든 물건이 귀하고 많이 없었다는 것을 알게 되었다. 철수는 팬티까지 물려 입어서 정말 속상했을 것이다.

- 아빠는 왜 아이들을 혼내기만 했는지 이해가 잘 안되었는데, 선생님 이야기를 듣고 보니 좋은 물건을 사주지 못하는 아빠도 속상했을 것 같다.

- '어쩌구, 저쩌구' 놀이가 재미있었다. 대사를 똑같이 외우지 않아도 되어서 좋았고, 다른 친구들의 발표를 보고 장면을 맞히기가 재미있었다.

- 친구들이 철수의 표정, 몸짓, 말투를 잘 흉내 내서 재미있었다.

선생님 이야기

- 이야기의 배경이 오래전이라 아이들이 내용을 잘 이해할 수 있을지, 인물의 마음에 공감할 수 있을지 걱정이 되었는데, 기존의 '검정 고무신' 만화를 거의 모든 아이들이 알고 있어 시대 상이나 생활 모습을 무리 없이 이해하였으며, 마침 주인공이 학생들과 같은 아홉 살 나이라서 공감하기에 더 좋았다.

- 주인공이 팬티로 인해 놀림을 받았을 때, 새 팬티를 입게 되었을 때, 두 상황이 극적으로 대비되어 인물의 마음이 선명하게 드러나서 인물의 마음을 짐작하는 활동에 적절했다.

- 그림책의 한 장면을 골라 어울리는 표정, 몸짓, 말투로 표현해 보는 활동을 통해 인물에게 더 공감하고, 이야기를 더 잘 이해하게 할 수 있었다.

어떤 표정, 몸짓, 말투로 표현할까?

표정, 몸짓, 말투를 생각하며 작품 감상하기

흥부 놀부

글 · 그림: 홍영우

보리(2014)

욕심 많은 형, 놀부는 물려받은 재산을 혼자 차지하고, 동생 흥부네를 집에서 내쫓는다. 가난하게 살던 흥부는 어느 날 다리를 다친 제비를 치료해 준다. 제비는 이듬해 흥부에게 박씨를 가져다주고 다 자란 박을 타자 그 속에서 금은보화가 나와 흥부네는 부자가 된다.
흥부 소식을 들은 놀부는 일부러 제비 다리를 다치게 한 후 치료해 주고 박씨를 얻는다. 그러나 놀부가 탄 박에서는 도깨비가 나와 놀부를 혼쭐낸다.

이야기의 장면, 장면에서 인물에게 알맞은 표정, 몸짓, 말투는 어떤 것일까?

수업 준비

BOOK RECIPE

'흥부 놀부'는 재미와 감동이 있으며 누구나 알고 있는 옛이야기입니다. 이야기의 기승전결, 원인과 결과가 명확하여 상황마다 인물의 감정도 분명히 드러납니다. 따라서 장면에 어울리는 인물의 표정, 몸짓, 말투를 생각하며 감상하고 표현하는 활동을 하기에 적합합니다.

관련 성취 기준

[국어] 2022 성취 기준	[4국 01-03] 상황에 적절한 준언어·비언어적 표현을 활용하여 듣고 말한다. [4국 05-05] 재미나 감동을 느끼며 작품을 즐겨 감상하는 태도를 지닌다.

수업 활동

읽기 전

수업 주제 및 그림책과 연결 짓는 이야기 나누기

1. '흥부 놀부'는 어떤 이야기인가요?
2. 흥부와 놀부를 떠올리면 어떤 표정과 말투가 떠오르나요?
3. 이야기를 들을 때 어떤 것에 주목하면 이야기가 더 재미있을까요?

읽기 중

내용을 확인하며 이야기 듣기

1. 놀부는 왜 흥부를 집에서 내쫓았나요?
2. 흥부는 어떻게 해서 부자가 되었나요?
3. 놀부가 탄 박에서는 어떤 것들이 나왔나요?
4. 놀부는 결국 어떻게 되었나요?

인물의 표정, 몸짓, 말투를 상상하며 이야기 듣기

1. 흥부가 구렁이를 내쫓고 제비를 치료해 주는 장면
2. 흥부네가 다 자란 박을 톱으로 자르는 장면
3. 놀부가 제비 다리를 일부러 부러뜨리는 장면
4. 놀부가 탄 박에서 도깨비가 나와 놀부를 혼내 주는 장면

BOOK RECIPE

교사가 들려주는 이야기를 들을 때 이야기 속 인물의 표정, 몸짓, 말투에 주목함으로써 작품을 더욱 풍성하게 이해하고 즐길 수 있습니다. 또한 이야기를 들은 후 장면에 어울리는 표정, 몸짓, 말투로 인물을 표현하는 활동과도 연결 지을 수 있습니다.

읽기 후

이야기 내용 간추리기

1. 마음속으로 이야기 내용을 차례에 따라 정리하기
2. '한 명이 한 문장씩 말하기'로 이야기 줄거리 정리하기
3. 줄거리 간추리기 학습지의 빈칸을 메워 줄거리 완성하기
4. 중요한 내용이 빠지지 않았는지 줄거리 내용 확인하기

BOOK RECIPE

처음부터 5단 구성으로 간추려진 학습지를 제공하고 빈칸을 채우도록 하는 것보다 아이들 스스로 줄거리를 간추릴 기회를 먼저 주는 것이 좋겠지요. 자신이 간추린 내용과 간추려진 학습지의 내용을 비교하여 요약하기 활동을 간단하게 경험해 보게 할 수 있습니다.

이야기 속 장면에 알맞은 표정, 몸짓, 말투로 표현하기

장면에 알맞은 표정, 몸짓, 말투로 표현하기 방법(예시)

① 정지 동작으로 장면에 어울리는 표정, 몸짓, 표현하기

② 알맞은 표정, 몸짓, 말투로 장면 연기하기

③ 정지 동작과 연기 동작을 연결하여 표현하기

1. 짝과 함께 표현할 장면 정하기
2. 표현할 장면에서 인물의 대사 구성하기
3. 짝과 함께 배역을 나누어 장면 표현 연습하기
4. 짝과 함께 어울리는 표정, 몸짓, 말투로 장면 표현하기
5. 친구들이 어떤 장면을 표현한 것인지 알아맞혀 보기
6. 어느 팀이 장면에 어울리는 표정, 몸짓, 말투를 잘 표현했는지 평가하기

BOOK RECIPE

장면에 어울리는 인물의 대사를 구성할 때 학생들은 그림책에서 들은 내용에 얽매여 그대로 하려고 할 수 있습니다. 책에서의 인물의 말을 그대로 할 필요가 없으며, 장면에 어울리게 창의적으로 구성하도록 안내하는 것이 좋습니다. 이야기의 흐름을 유지하되 창의적인 말과 행동이 더 재미있을 수 있습니다.

수업 자료 및 학습 결과

1. 짝과 함께 표현할 장면을 정해 봅시다.

장면 (~가 ~ 하는 장면)	대사
	( ) : ____________ ( ) : ____________

2. 정한 장면을 정지 동작과 움직임 동작으로 연결하여 표현해 봅시다.

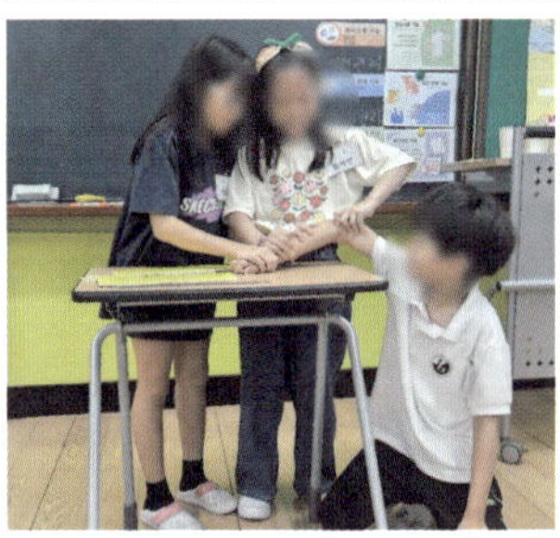	
놀부가 제비 다리를 부러뜨리는 장면	흥부 부부가 박을 타는 장면

흥부가 구렁이를 쫓아내는 장면	흥부 부부가 제비를 치료하는 장면

평가(채점) 기준표

성취 기준		[4국 01-04] 상황에 적절한 준언어·비언어적 표현을 활용하여 듣고 말한다.
평가 요소		그림책 장면에 어울리는 적절한 표정, 몸짓, 말투로 말하기
평가 방법		실연, 관찰
평가 기준	상	그림책 장면에 매우 어울리는 표정, 몸짓, 말투로 말함.
	중	그림책 장면에 어느 정도 어울리는 표정, 몸짓, 말투로 말함.
	하	그림책 장면에 어울리는 표정, 몸짓, 말투로 말하기를 어려워함.

관련 도서

호랑이와 곶감	토끼와 자라	정신 없는 도깨비
글: 위기철 그림: 김환영 국민서관(2004)	글 · 그림: 홍영우 보리(2013)	글: 서정오 그림: 홍영우 보리(2007)
곶감이 무서운 호랑이, 호랑이가 무서운 도둑, 잘난체 하려다 꽁지가 빠지는 토끼가 등장한다. 여러 인물이 처한 상황에 어울리는 표정, 몸짓, 말투로 말하기 활동에 활용하기 좋다.	토끼를 바다로 데리고 가야 하는 자라, 지혜로 죽음의 위기를 벗어나야 하는 토끼 외 다양한 인물들이 등장한다. 인물이 처한 상황에 어울리는 표정, 몸짓, 말투로 말하기 활동에 활용하기 좋다.	도깨비에게 돈을 빌려 준 착한 농사꾼, 저녁마다 빌린 돈을 갚고 사라지는 정신 없는 도깨비가 등장하는 이야기. 두 인물이 처한 상황에 어울리게 표정, 몸짓, 말투로 말하기 활동에 활용하기 좋다.

수업 후기

아이들 이야기

- 짝과 함께 표현할 장면을 정하고 인물의 대사도 직접 만들었다. 선생님께서 대사를 똑같이 하지 않아도 된다고 해서 어렵지 않았다. 대사가 연기할 때마다 조금씩 바뀌었는데 그래도 괜찮았다.

- 친구들의 연기를 보는 것은 재미있었지만, 내가 직접 연기할 때는 조금 떨렸다. 그래서 대사를 할 때 조금 실수를 했다. 다행히 다시 한번 했는데 이번에는 성공해서 기분이 좋았다.

- ○○이가 연기를 너무 실감나게 잘했다. 말투가 딱 못된 놀부 같았다. △△이는 원래 아무 말이 없는 제비에게 대사를 넣어서 연기를 했는데 그런 점이 재미있었다.

선생님 이야기

- 누구나 다 아는 옛날이야기라고 생각했지만, 의외로 '흥부와 놀부' 이야기를 정확히 모르는 아이들도 있었다. 몰입하여 이야기를 듣는 아이들의 모습이 보기 좋았다. 이야기의 구조가 단순하여 줄거리 파악이 쉬웠고, 표정, 몸짓, 말투를 살려 장면을 표현하기에 적합했다.

- 크고 화려한 소품 없이 교실에 있는 도구들을 활용하여 장면 연기에 사용했는데, 아이들이 적극적으로 참여하고 즐거워했다. 실감 나는 친구들의 연기를 보며 장면에 어울리는 표정, 몸짓, 말투의 중요성을 알게 되었으리라 생각한다.

- 이 단원 학습에 사용할 수 있는 그림책으로 여러 가지 옛이야기를 활용하면 좋겠다는 생각이 든다. 옛이야기들은 구조가 단순하고 아이들이 좋아할 만한 흥미로운 소재와 내용을 다룬 것들이 많다. 또 상황에 따른 인물의 감정이 분명하게 나타난다. 따라서 3학년 아이들이 장면에 어울리는 표정, 몸짓, 말투를 살려 표현하기에 적합하다.

뒷이야기가 어떻게 이어질까?

이야기의 흐름을 파악하여 이어질 내용 상상하기

정신 없는 도깨비

글: 서정오
그림: 홍영우
보리(2007)

가난한 농사꾼이 하루는 남의 집에 가서 일을 해 주고 품삯으로 돈 서 푼을 받아 집으로 돌아오는데, 마을 어귀 산모퉁이에서 도깨비를 만나 어쩔 수 없이 돈 서 푼을 빌려준다.
다음 날부터 날이 어둑어둑해지면 도깨비가 찾아와 돈 서 푼을 던져 놓고 간다. 매일 서 푼씩 놓고 가는 도깨비 덕분에 농사꾼은 부자가 되지만, 차차 날마다 찾아오는 도깨비가 귀찮아진다.

농사꾼은 어떤 방법으로 도깨비를 더 이상 찾아오지 못하게 할 수 있을까?

수업 준비

BOOK RECIPE

저학년, 중학년 아이들은 아직까지 마법, 마녀, 도깨비 이야기에 호기심을 갖습니다. 이 책은 이야기 자체가 3, 4학년 아이들에게 흥미 있는 소재를 다루고 있으며 이어지는 내용을 상상하기에 적절한 지점을 가지고 있습니다. 또한 얄밉지 않고 어딘지 어리숙해 보이는 도깨비의 모습이 아이들에게 친숙하게 다가옵니다.

관련 성취 기준

[국어] 2022 성취 기준	[4국 05-01] 인물과 이야기의 흐름을 중심으로 작품을 감상한다. [4국 05-05] 재미나 감동을 느끼며 작품을 즐겨 감상하는 태도를 지닌다.

수업 활동

읽기 전

질문으로 내용을 예측하고 그림책과 연결 짓기

1. 도깨비가 등장하는 옛이야기는 어떤 것이 있나요?
2. 여러분이 알고 있는 도깨비의 생김새는 어떤 모습인가요?
3. 옛이야기에서 도깨비는 어떤 성격으로 나오나요?
4. 표지에 그려진 모습으로 보아 인물은 어떤 사람일까요?
5. 제목과 표지 그림으로 보아 어떤 이야기가 펼쳐질까요?

읽기 중

질문으로 내용 파악하고 추론하기

1. 도깨비에게 하루 동안 번 돈을 빌려주는 것으로 보아 농사꾼은 어떤 사람일까요?
2. 농사꾼이 도깨비에게 무서워하는 것이 무엇이냐고 묻는 이유는 무엇일까요?
3. 농사꾼은 왜 도깨비에게 돈이 무섭다고 했을까요?
4. 날마다 농사꾼에게 돈 서 푼을 갚는 도깨비는 어떤 성격인가요?

인물의 말과 행동 흉내 내기

1. 도깨비가 돈 서 푼을 던지며 농사꾼에게 말하는 장면
2. 도깨비가 마당에 돈을 계속 던져 넣자 농사꾼이 놀라서 소리 지르는 장면

BOOK RECIPE

그림책 읽기 방법은 상황에 따라 교사가 읽어 주기, 학생 각자 읽기 등 여러 가지 형태로 진행할 수 있습니다. 중요한 대사, 극적인 상황 등에서는 선생님이나 친구들이 이야기 속 인물이 되어 상황에 어울리는 말투로 대사하기, 몸짓으로 표현하기를 해 봄으로써 이야기에 더 몰입하게 할 수 있습니다. 선생님이 읽어 주실 때에도 중요한 대사는 학생들이 다 함께 하도록 해보세요.

읽기 후

내용을 상상할 때 유의점 알아보기

이어지는 내용을 상상할 때 주의할 점

1. 이야기의 흐름이 자연스러운지 살펴보기
2. 이야기 앞부분에 나온 내용과 어울리는지 살펴보기
3. 상상한 내용이 인물의 성격과 잘 어울리는지 확인하기

상상한 이야기 발표 · 감상하기

감상 및 평가 관점

1. 이야기의 흐름이 자연스러운가? 그럴 듯한가?
2. 앞부분 이야기나 인물의 성격과 잘 어울리는가?
3. 이야기가 재미있고 참신한가?

뒷이야기 상상하기

상상하기를 어려워하는 학생들에게는...

1. 이야기를 먼저 떠올린 친구들의 발표를 통해 예시를 들려주기
2. 짝 또는 모둠 친구들과 이야기 나누기를 통해 친구들의 이야기를 참고하여 자신의 이야기를 만들도록 지도하기
3. 전체 학급에서 발표하기 전 상상한 이야기를 짝이나 모둠 친구에게 먼저 이야기해 보게 하여, 친구들의 피드백을 듣고 이야기를 정교화시키도록 지도하기

그림책의 뒷이야기 읽기

BOOK RECIPE

상상할 지점에서 읽기를 멈추고 아이들이 상상한 다양한 이야기를 들어봅니다. 친구들이 상상한 이야기를 듣고 뒷이야기에 대한 궁금증이 한껏 고조되도록 한 다음 뒷이야기를 마저 읽는 것이 좋겠지요. 상상한 내용이 책과 똑같지 않더라도 개연성이 있고 재미있다면 그 자체로 좋은 이야기임을 주지시켜 주세요.

수업 자료 및 학습 결과

앞 부분 이야기를 간추리고 뒷이야기 상상하기

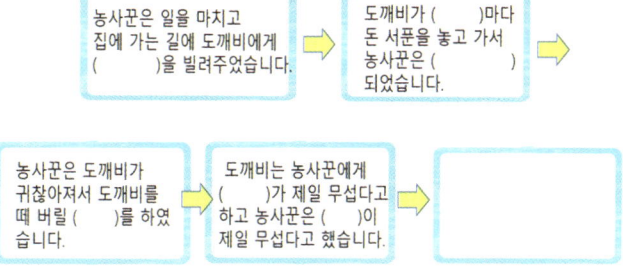

1. (   ) 안에 알맞은 내용을 쓰고 일이 일어난 차례에 맞게 번호를 써 봅시다.

농사꾼은 일을 마치고 집에 가는 길에 도깨비에게 (   )을 빌려주었습니다.

→

도깨비가 (   )마다 돈 서푼을 놓고 가서 농사꾼은 (   ) 되었습니다.

→

농사꾼은 도깨비가 귀찮아져서 도깨비를 떼 버릴 (   )를 하였습니다.

→

도깨비는 농사꾼에게 (   )가 제일 무섭다고 하고 농사꾼은 (   )이 제일 무섭다고 했습니다.

→

(빈칸)

2. 농사꾼은 어떻게 하면 도깨비가 더 이상 찾아오지 않게 할 수 있을까요? 이어질 이야기를 상상하여 써 봅시다.

학생들이 상상한 뒷이야기

- 농사꾼은 문 앞에 항아리를 놔두고 항아리 안에다 매일 돈을 넣고 가게 하였다. 농사꾼은 가끔 항아리가 가득 차게 되면 돈을 다른 상자에 붓고 다시 빈 항아리를 내다 놓았다.
- 농사꾼은 이사를 간 척하였다. 집에 있던 물건들을 안 보이게 치우고 집을 비워 두었다. 도깨비는 농사꾼이 이사를 갔다고 생각하고 더 이상 찾아오지 않았다.
- 농사꾼은 솔직하게 도깨비에게 "너는 이미 돈을 다 갚았어. 더 이상 갚지 않아도 돼." 하고 말하였다. 도깨비도 알아 듣고 더 이상 찾아오지 않았다.
- 도깨비에게 마을에서 소문난 예쁜 아가씨를 소개해 주어 가정을 꾸리게 하였다. 깨비는 가정을 꾸리느라 바빠서 돈을 갚으러 더 이상 오지 않았다.
- 농사꾼은 다른 사람으로 분장을 했다. 아줌마처럼 분장을 해서 농사꾼이 다른 곳으로 이사를 갔다고 말했다. 그래서 더 이상 도깨비가 찾아오지 않았다.

평가(채점) 기준표

성취 기준	[4국 05-01] 인물과 이야기의 흐름을 중심으로 작품을 감상한다.	
평가 요소	이야기의 흐름에 어울리게 이어질 내용을 상상하기	
평가 방법	서술평가, 관찰평가	
평가 기준	상	이야기 흐름이 자연스럽고 앞부분과 잘 연결됨.
	중	이야기의 흐름이나 앞부분과의 연결이 대체로 양호함.
	하	이야기의 흐름이나 앞부분과의 연결이 미흡함.

관련 도서

폭풍우 치는 밤에	치과의사 드소토 선생님	보글보글 마법의 수프
글: 기무라 유이치 그림: 아베 히로시 미래엔아이세움 (2005)	글 · 그림: 윌리엄 스타이그 비룡소(1995)	글 · 그림: 클로드 부종 웅진주니어(2000)
폭풍우 치는 밤에 만나 서로의 정체를 모르는 채로 헤어진 늑대와 염소 이야기. 밝은 날 다시 만난 두 동물의 뒷이야기를 상상해 볼 수 있다.	드소토 선생님은 치료해 준 고마움도 모르고 자신을 잡아먹으려는 여우를 어떻게 막을 수 있을까? 여우를 물리칠 기발한 방법을 상상해 볼 수 있다.	미녀가 되고 싶어 마법의 수프를 만든 마녀 이야기. 과연 마녀가 만든 수프는 성공적일까? 마녀가 만든 수프를 먹은 동물들이 어떻게 변할지 뒷이야기를 상상해 볼 수 있다.

수업 후기

아이들 이야기

- 그림책 이야기도 재미있었지만, 주인공의 표정이나 다른 그림들이 무척 재미있었다. 그림책을 볼 때는 그림도 잘 봐야 한다는 걸 알았다.

- 교과서 이야기도 읽어 보았지만, 교과서의 이야기보다 훨씬 재미있었다.

- 친구들이 뒷이야기를 상상한 내용이 모두 다 달랐고, 재미있는 이야기가 많았다.

- 처음에는 뒷이야기를 상상하는 것이 어려웠지만, 먼저 한 친구들의 이야기를 들으면서 힌트를 얻을 수 있었다.

- 항아리에 돈을 넣게 한다는 생각이 제일 좋은 것 같다. 그러면 돈도 계속 얻을 수 있고, 도깨비가 귀찮게 하지도 않기 때문이다.

선생님 이야기

- 앞 부분을 들려주고 이야기를 중단하고 수업을 마치자, 아이들이 뒷이야기를 너무 궁금해하며 책을 도서관에서 빌려보겠다고 하여 말려야했다. 아이들이 몰입해서 듣고 재미있어 하는 모습이 보기 좋았다.

- 이야기가 흥미롭긴 했지만 교사가 뒷이야기를 먼저 상상해 보았을 때 선뜻 내용이 떠오르지 않았다. 그런데 아이들이 꾸민 이야기를 보고 아이들의 상상력, 창의력은 어른을 능가한다는 것을 알게 되었다.

- 이 수업 이후 아이들이 '돈 서 푼 가지고 왔소. 옛소, 받우.' 하며 이야기의 장면을 흉내 내는 모습을 볼 수 있었다.

- 이 이야기를 이미 읽어서 알고 있는 아이들도 몇 명 있었다. 이 아이들에게는 뒷이야기를 원작과 다르게 상상해 보라고 하였으나, 다른 이야기를 만들어내기 어려워하였다.

이 낱말의 뜻은 무엇일까?

낱말의 뜻을 짐작하며 이야기 읽기

꿈을 나르는 책 아주머니

글: 헤더 헨슨
그림: 데이비드 스몰
비룡소(2012)

주인공 칼은 책에 전혀 관심 없던 산골 소년이었지만, 비가 오나 눈이 오나 말을 타고 책을 전해 주러 오는 책 아주머니를 통해 책에 관심을 가지게 된다.

칼은 하루 종일 책을 보는 누나를 이해하지 못하고, 책을 책 나부랭이로만 여긴다. 그러다 눈보라를 뚫고 책을 전해 주는 책 아주머니를 보며 마음을 움직인 칼은 누나에게 글을 알려 달라고 한다.

이야기 군데군데 포함된 어려운 낱말의 뜻을 어떻게 짐작하고 익히면 좋을까?

수업 준비

BOOK RECIPE

이 이야기는 그림책 치고는 글밥이 살짝 많은 편이지만, 주인공 칼이 독자에게 이야기하는 듯한 문체로 쉽게 쓰여져 있어 3~4학년 아이들이 읽기에 적합합니다. 내용 또한 책을 대하는 칼의 마음 변화를 통해 독서의 의미를 생각해 볼 수 있습니다. 3, 4학년에게 뜻을 정확히 알기 어려운 낱말들이 적절히 배치되어 있어 문맥과 이야기 상황에 따라 그 뜻을 짐작해 볼 수 있습니다.

관련 성취 기준

[국어] 2022 성취 기준	[4국 04-02] 단어를 분류하고 국어사전을 활용하여 능동적인 국어활동을 한다. [4국 02-03] 질문을 활용하여 글을 예측하고 자신의 읽기 과정을 점검한다.

수업 활동

읽기 전

수업 주제 및 그림책과 연결 짓는 이야기 나누기

1. 여러분은 책을 왜 읽나요?, 여러분이 책을 읽지 못한다면 어떨까요?
2. 제목에서 책 아주머니가 꿈을 나른다는 것은 무슨 뜻일까요?
3. 책을 읽다가 모르는 낱말이 나오면 그 뜻을 어떻게 짐작하나요?

읽기 중

질문으로 내용 파악하고 추론하기

1. 칼은 왜 책을 '책 나부랭이'라고 할까요?
2. 칼은 왜 책 아주머니의 말이 엄청 용감하다고 생각했을까요?
3. 칼은 왜 책 아주머니가 우리 집에 오는 걸 잊어도 서운하지 않을 거라고 했을까요?
4. 책 아주머니가 사라지는 모습을 지켜볼 때 칼의 머릿속에서 소용돌이치는 생각은 어떤 것일까요?

뜻을 정확히 모르는 낱말을 찾으며 다시 읽기

1. 페이지마다 모르는 낱말이 있는지 살피며 읽기
2. 앞뒤 문맥과 이야기 상황을 확인하며 낱말의 뜻 짐작하기
3. 짐작한 낱말의 뜻에 대해 이야기 나누기

BOOK RECIPE

그림책을 처음 읽을 때는 이야기의 줄거리를 파악하고, 인물의 마음 상태나 뒷이야기를 예측하며 읽습니다. 그런 후 두 번째로 읽을 때는 뜻을 정확히 모르는 낱말이 무엇인지, 그 뜻이 무엇인지 짐작하며 읽게 합니다. 처음부터 모르는 낱말 찾기나 낱말 뜻 짐작하기를 강조하면 이야기의 흐름이 끊어져 이야기 내용에 몰입하기 어려울 수 있습니다.

읽기 후

뜻을 정확히 모르는 낱말의 목록 만들기

1. 읽으면서 표시한, 뜻을 정확히 모르는 낱말을 학습지에 쓰기
2. 1에서 쓴 낱말의 기본형 파악하기
3. 1에서 쓴 낱말의 짐작한 뜻 적기
4. 1에서 쓴 낱말의 뜻을 사전에서 찾아 짐작한 뜻과 비교해 보기

새롭게 알게 된 낱말로 문장 만들기

1. 새롭게 알게 된 낱말의 뜻과 낱말이 사용된 문맥 확인하기
2. 새롭게 알게 된 낱말을 사용하여 문장 만들기
3. 만든 문장을 친구와 비교하여 보고 문장이 자연스러운지 생각해 보기

BOOK RECIPE

사전으로 낱말의 뜻을 익혔다 하더라도 학생들이 만든 문장을 보면 문장이 어색한 경우를 많이 볼 수 있습니다. 가령 어떤 낱말은 긍정적인 상황에서는 사용하지 않고 부정적인 상황에서만 사용하는데 이는 그 낱말의 뜻만 보아서는 알 수 없습니다. 학생들이 만든 문장을 함께 살펴보고 피드백하는 활동까지 진행하면 해당 낱말의 뜻과 사용되는 상황을 정확히 파악하게 할 수 있습니다.

다른 그림책을 읽고 낱말의 뜻을 짐작하고 익히기

1. 각자 교실의 다른 그림책을 자유롭게 선택하여 읽기
2. 읽은 그림책에서 뜻을 정확히 모르는 낱말의 목록 만들기
3. 목록에 작성한 낱말의 뜻을 짐작하고 기본형 확인하기
4. 낱말의 뜻과 사용된 문장 예시를 사전에서 확인하기
5. 새롭게 알게 된 낱말을 사용하여 문장 만들기
6. 새롭게 알게 된 낱말을 이용하여 학급 친구들과 낱말 퀴즈 대회 열기

BOOK RECIPE

먼저, 교사가 지정한 그림책으로 함께 활동했다면 다음으로는 학생들이 각자 수준과 흥미에 따라 그림책을 자유롭게 골라 활동하도록 하면 좋겠지요. 새롭게 알게 된 낱말을 학생들이 직접 퀴즈 형태로 출제하고 맞히는 낱말 퀴즈 대회를 통해 낱말의 뜻을 짐작하고 익히는 활동을 즐겁게 할 수 있습니다.

수업 자료 및 학습 결과

낱말의 뜻을 짐작하고 사전에서 확인하기

1. 이야기 속에서 뜻을 정확히 모르는 낱말을 써 봅시다.

2. 1에서 쓴 낱말의 뜻을 짐작하여 쓰고 사전에서 찾아 뜻을 찾아 쓰세요.

1에서 쓴 낱말 기본형				
짐작한 뜻				
사전에서 찾은 뜻				

3. 위에서 찾은 낱말로 문장을 만들어 봅시다.

낱말	문장 만들기

그림책 '나는 꼭 의사가 될 거예요'를 읽고

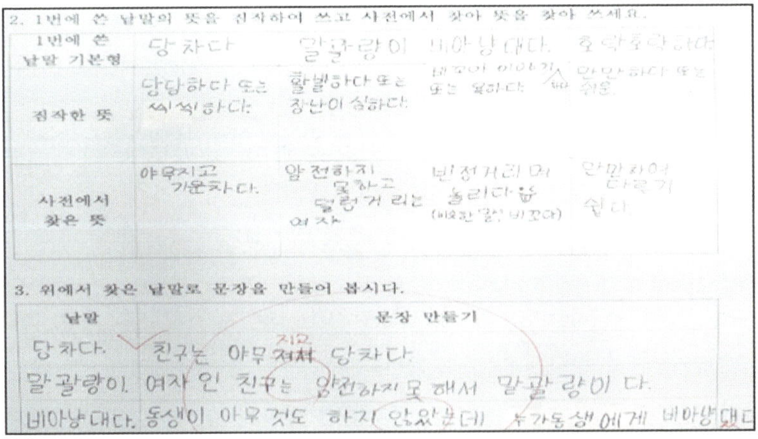

2. 1번에 쓴 낱말의 뜻을 짐작하여 쓰고 사전에서 찾아 뜻을 찾아 쓰세요.

1번에 쓴 낱말 기본형	당차다	말괄량이	비아냥대다	호락호락하다
짐작한 뜻	당당하다 또는 씩씩하다	활발하다 또는 장난이 심하다	비꼬아 이야기 또는 욕하다	만만하다 또는 쉬운
사전에서 찾은 뜻	야무지고 기운차다	얌전하지 못하고 덜렁거리는 여자	빈정거리며 놀리다 (비웃는 말을 비꼬다)	만만하여 다루기 쉽다

3. 위에서 찾은 낱말로 문장을 만들어 봅시다.

낱말	문장 만들기
당차다.	친구는 야무지고 당차다.
말괄량이.	여자인 친구는 얌전하지 못해서 말괄량이다.
비아냥대다.	동생이 아무것도 하지 않았는데 누가 동생에게 비아냥댔다

평가(채점) 기준표

성취 기준	[4국 04-02] 단어를 분류하고 국어사전을 활용하여 능동적인 국어활동을 한다.	
평가 요소	글에서 낱말의 뜻을 짐작하고 사전에서 뜻 찾기	
평가 방법	관찰, 구두, 서술	
평가 기준	상	글에서 낱말의 뜻을 짐작하고 사전에서 낱말의 뜻을 찾는 능력과 태도가 우수함.
	중	글에서 낱말의 뜻을 짐작하고 사전에서 낱말의 뜻을 찾는 능력과 태도가 양호함.
	하	글에서 낱말의 뜻을 짐작하고 사전에서 낱말의 뜻을 찾는 능력과 태도가 부족함.

관련 도서

책 읽는 두꺼비	너에게만 알려줄게	쌍둥이 빌딩 사이를 걸어간 남자
글 · 그림: 클로드 부종 비룡소(2004)	글 · 그림: 피터 H. 레이놀즈 문학동네(2017)	글 · 그림: 모디캐이 저스타인 보물창고(2004)
책을 좋아하는 두꺼비와 두꺼비의 주인인 마녀가 아웅다웅 함께 살아가는 이야기. 학생들은 '성가시다', '내키다', '윽박지르다', '인정머리' 등의 낱말을 어려운 낱말로 꼽았다.	주인공은 '난 행복한 아이, 비결은 상상하기' 라며 행복해지는 방법을 제안한다. 학생들은 '섬세하다', '익살스럽다', '낙천적인' 등의 낱말을 어려운 낱말로 꼽았다.	뉴욕의 쌍둥이 빌딩 사이에 줄을 매고 공중에서 줄타기 묘기를 부린 젊은이의 실화를 바탕으로 한 이야기. 학생들은 '직성', '가장', '아찔한', 등의 낱말을 어려운 낱말로 꼽았다.

수업 후기

아이들 이야기

- 선생님께서 교과서에 나온 글을 대신해서 그림책으로 어려운 낱말도 찾아 보고 낱말 뜻도 짐작해 보자고 하셨다. 그림책이라 어려운 낱말은 하나도 없을 줄 알았는데, 또박또박 천천히 읽고 찾아보니 내가 모르는 낱말이 여러 개 있었다. 그림책이라고 훌훌 넘기면서 대충 읽지 않아야겠다는 생각이 들었다.

- 선생님과 함께 읽은 책도 재미있었지만, 내가 읽고 싶은 그림책을 골라 읽고 어려운 낱말을 찾아보는 활동이 더 좋았다. 그때 여러 권의 그림책을 읽었다. 또 그림책에서 찾은 낱말을 사전에서 찾아보고 낱말 퀴즈 대회를 했는데, 내가 퀴즈를 낸 낱말을 맞히려고 친구들이 많이 도전해서 기분이 좋았다.

선생님 이야기

- 교과서에서는 과학 관련 설명문을 제시하고 있는데, 우리 아이들에게는 어려운 낱말이 너무 많았고 내용도 어려웠다. 새로 익힐 수 있는 낱말의 수가 적더라도 아이들이 좀 더 흥미 있게 접근할 수 있는 텍스트가 좋을 것 같아 그림책들로 대체했다.

  그중 '나는 꼭 의사가 될 거예요'는 4학년 수준에 적절한 내용과 유머가 담긴 그림으로 학생들이 몰입해서 읽을 수 있었다. 새로 익힐 수 있는 낱말의 수는 적었지만, 그 대신 해당 낱말이 사용되는 문맥까지 좀 더 꼼꼼히 살펴볼 수 있었다.

- 낱말 퀴즈 대회에서는 자신이 새로 익힌 낱말의 뜻을 친구들에게 설명하고 그 낱말이 무엇인지 친구들이 알아맞히게 했는데, 한 명도 빠짐 없이 적극적이고 즐겁게 참여하는 모습을 보여 보기에 좋았다.

드러나지 않은 내용을 어떻게 추론할까?

인물의 행동과 마음 추론하기

이까짓 거!

글 · 그림: 박현주
이야기꽃(2019)

수업이 끝나가는 초등학교 교실. 한 아이가 비 오는 바깥을 걱정스러운 표정으로 바라본다. 비는 오는데 데리러 올 사람이 없던 아이는 어쩌지 못하고 건물 현관 앞에 서 있다.
그때 역시나 우산이 없던 친구 한 명이 아무렇지 않은 듯 가방을 머리에 쓰고 빗속을 뛰어간다. 망설이던 주인공은 친구를 따라 달리기 시작한다.

이야기의 시작에서 끝에 이르기까지 주인공의 마음은 어떻게 변해 왔을까?
친구가 갈 길을 가고 혼자 남게 된 주인공은 어떻게 행동할까?

수업 준비

BOOK RECIPE

이 이야기는 누구나 한 번은 겪었을 법한 비가 오는 날 우산이 없는 문제 상황을 다루고 있습니다. 이야기에서 주인공 아이의 마음이나 생각이 글로 하나도 드러나지 않고, 아이의 행동만 서술되어 있습니다. 따라서 인물의 행동을 보고 드러나지 않은 인물의 생각과 마음을 추론해 볼 수 있습니다. 사건의 흐름에 따른 인물의 마음 변화를 추론해 보면서 인물의 이어질 행동도 함께 추론해 볼 수 있습니다.

관련 성취 기준

[국어] 2022 성취 기준	[6국 01-01] 대화에서 생략된 내용을 추론하며 듣는다. [6국 02-02] 글에서 생략된 내용이나 함축된 표현을 문맥을 고려하여 추론한다.

수업 활동

읽기 전

수업 주제 및 그림책과 연결 짓는 이야기 나누기

1. 표지에 어떤 상황이 나타나 있나요? 비슷한 경험이 있나요?
2. 그림책의 제목이 무엇일까요? 추론해 봅시다.
3. 비 오는 날 우산이 없는데 누가 우산을 같이 쓰자고 하면 어떨 것 같나요?

읽기 중

인물의 생각과 마음 추론하기

1. 비를 바라보고 있는 아이는 어떤 생각을 하고 있을까요?
2. 아이는 왜 '엄마가 오실 거다'라고 거짓말을 했을까요?
3. '엄마가 오실 거다'라고 거짓말한 것으로 보아 인물의 성격은 어떨까요?
4. 준호의 말과 행동을 보아 준호의 성격은 어떨까요?
5. 준호가 떠나고 혼자 남겨진 아이는 어떤 생각을 하고 있을까요?
6. 빗속을 혼자 달리는 아이의 마음은 처음과 어떻게 달라졌을까요?
7. 피아노 학원 앞에 우두커니 서 있던 남자 아이는 어떻게 해서 빗속을 달리게 되었을까요?

인물의 행동 추론하기

1. 준호가 떠나고 혼자 남겨진 아이는 어떻게 행동할 것 같나요?
2. 앞으로 이런 일이 또 생긴다면 아이는 어떻게 행동할 것 같나요?

BOOK RECIPE

이 그림책은 주인공이 자신의 입장에서 있었던 일을 이야기하는 형식으로 서술되어 있지만, 인물의 마음에 대한 표현은 거의 드러나지 않습니다. 따라서 장면 장면마다 인물의 마음과 생각을 추론하고, 추론한 내용에 대해 서로 이야기를 나누며 읽을 수 있습니다.

읽기 후

그림책의 제목 및 작가의 의도 추론하기

1. 그림책 다시 훑어보기
2. 그림책의 제목을 추론하고 추론한 내용 공유하기
3. 작가가 그림책을 통해 전하고자 하는 내용이 무엇일지 추론하기
4. 추론한 내용과 그렇게 추론한 까닭 공유하기

BOOK RECIPE

추론의 근거는 단서와 배경지식입니다. 학생들이 제목, 작가의 의도 등을 추론할 때 왜 그렇게 추론했는지 추론의 근거를 함께 제시하도록 해야 합니다. 어떤 장면에서 추론의 단서를 얻었는지, 어떤 직·간접적인 경험에서 추론의 단서를 얻었는지 함께 이야기하도록 하여 추론 내용이 적절한지 생각해 보도록 해야 합니다.

인물이 되어 인물의 마음이 드러나는 일기 쓰기

1. 있었던 일의 차례를 떠올려 정리하기
2. 일기의 요건 확인하기

일기의 요건

- 자신이 그림책 주인공이 되어 일기를 써야 함.
- 있었던 일이 차례대로 드러나게 써야 함.
- 상황 별로 주인공의 마음과 생각이 자세하게 잘 드러나야 함.

3. 일기의 첫 문장을 함께 쓰기
4. 각자 일기를 쓰고, 모둠 또는 전체에서 공유하기
5. 일기의 요건이 잘 드러났는지, 추론 내용이 타당한지 평가하고, 서로 피드백해 주기
6. 피드백에 따라 고쳐 쓰기

BOOK RECIPE

일기의 첫 시작을 어려워하는 학생들이 있습니다. 이런 학생들에게는 그림책의 첫 장면을 보고 어떻게 시작하면 좋을지 이야기해 보게 하여 첫 문장을 정할 수 있습니다. 어떤 학생은 "수업이 끝나가는데 갑자기 비가 내리기 시작했다."라는 상황을 설명하는 문장으로, 어떤 학생은 "어! 비 오네!"라는 주인공의 혼잣말로 시작하기도 합니다.

수업 자료 및 학습 결과

이야기 속 인물이 되어 일기 쓰기

6학년 (　　)반 (　　)번 이름(　　　　)

〈 평가 기준 〉

◎ : 매우잘함 ○ : 잘함 △ : 보통

평가 내용	나	친구1	친구2	친구3
있었던 일이 차례대로 드러나 있나요?				
인물의 마음이 잘 드러나 있나요?				

제목 :

작가가 전하고자 하는 말 추론하기

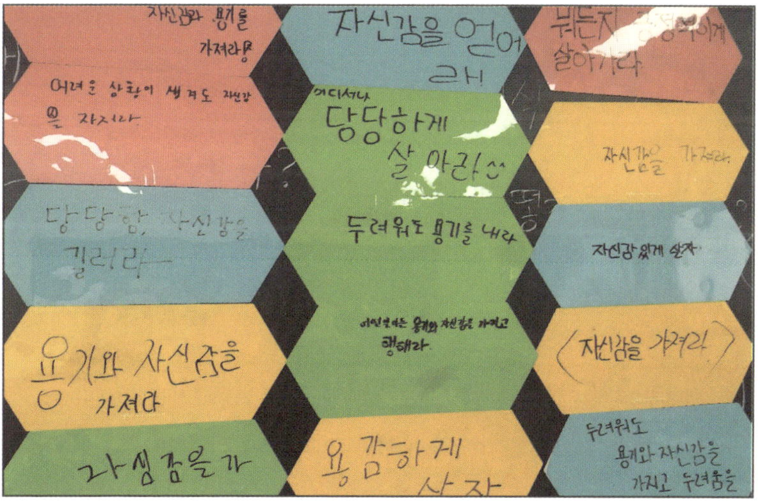

제목 : 달리기 시합

'아… 어쩌지 비가오네…' 문득 걱정이 됐다. 다른 아이들이 집에 가는 동안 나혼자만 서있었다. 그 때 한 아저씨가 "얘야 우산이 없니? 같이 쓰고 갈래?" 하고 물으셨다. "아니요, 괜찮아요." 대답은 했지만 걱정이 되어서 한 거짓말이었다. 그런데 갑자기 뒤에서 준호가 나왔다. 준호도 우산이 없었다. "야 넌 집에 안 가나?" 준호가 이렇게 묻고는 가방을 머리에 쓴 채 뛰었다. 그걸 본 나도 걱정이 되었지만 용기내어 뒤따라 뛰었다. 문방구까지 갔다가 뛰고 있는데 준호가 제안을 했다. "편의점까지 시합하자! 지는 사람이 음료수 사기!" 내가 돈이 없다고 말하려는 순간 준호가 시작 한 후 뛰었다. 뒤따라 뛴 나는 역시 졌지만 준호가 음료수를 사줬다. 준호에게 고마웠다. 자신감이 생긴 내가 미미분식까지 시합하자고 했다. 준호는 제안을 받아들였고 우리는 같이 뛰었다. 눈 앞에 미미분식이 보였다. 내가 이겼다! 이기니 기분이 무척 좋았다. 뛰다보니 너무 재밌어 피아노 학원 앞까지 또 뛰자고 했다. 도착을 한 후 준호에게 물었다. "누가 이겼지?" 준호가 대답했다. "모르겠는데" 무승부였다. 무승부였지만 그래도 재밌었다. "다음엔 어디까지로 달리지?" 또하고 싶어 내가 물었다. "나 이제 가야해" 준호는 이렇게 말하고는 학원으로 들어갔다. '내가 갈 수 있을까?' 살짝 걱정이 되었지만 뛰었다. 용기가 생겼었나보다. 뛰고 있는데 한 아주머니가 "우산이 없으면 같이 쓰고 갈래?" 나는 거절했다. '이까짓 거' 나는 집까지 즐겁게 뛰었다.

제목 : 비오는 날, 우산없이 달려!

수업시간 창문을 바라보니 비가 온다. 수업시간이 끝나고 비가 그쳐있기를 바랬지만 비가 계속 내리고 있었다. "우산 없는데…" 막막했다. [illegible] 거짓말 나올 것 같았다. 어떤 아저씨가 우산을 씌워준다 했다. 하지만 거짓말로 부모님이 온다고 거절했다. 멍하게 서 있다보니 작년에 같은 반이었던 준호가 멍하니 있는가 싶더니 나랑 [illegible] 안가냐며 가방을 쓰고 뛰었다. 나도 뛰었다 준호를 따라 문방구까지 가니 또 편의점까지 내기를 하자는 거다. "진 사람이 음료수 사주기" 준호가 시작신호를 말했다. 돈이 없다는 걸 말하기도 전에 말이다. 내가 졌다 하지만 음료수는 준호가 샀다. 그리고 다음에 갚으라는 말도. 자기가 사주는 거 아니었나 싶었다. 그다음엔 내가 제안했다. 미미분식까지 달리자고. 내가 이겼다. 기분이 좋았다. 그다음엔 또 피아노 학원까지 달렸다 이번엔 거의 동시였다 다음 [illegible] 전에 준호는 피아노 학원으로 들어가 버렸다. 조금 서운했다. 하지만 이제 내가 혼자 간다. 비 속에서 달리는 게 좋았다. 아주머니께서 우산을 씌워준다 했다. 이번엔 정말로 괜찮았다. 그러니 괜찮다 말하고 계속 달렸다. 이제 집까지 쑥쑥이다. 가방을 쓰지 않고.

평가(채점) 기준표

성취 기준	[6국 02-02] 글에서 생략된 내용이나 함축된 표현을 문맥을 고려하여 추론한다.	
평가 요소	이야기 속 인물이 되어 마음이 드러난 일기 쓰기	
평가 방법	서술	
평가 기준	상	이야기의 흐름에 따라 다양한 상황에서 인물의 생각과 마음을 추론한 내용이 매우 적절함.
	중	이야기의 흐름에 따라 다양한 상황에서 인물의 생각과 마음을 추론한 내용이 대체로 적절함.
	하	이야기의 흐름에 따라 다양한 상황에서 인물의 생각과 마음을 추론한 내용이 일부 적절함.

관련 도서

꿈을 나르는 책 아주머니	세상에서 가장 맛있는 무화과	여우
글: 헤더 헨슨 그림: 데이비드 스몰 비룡소(2012)	글 · 그림: 크리스 반 알스버그 미래아이(2021)	글: 마거릿 와일드 그림: 론 브룩스 파랑새어린이(2012)
책을 '책 나부랭이'로만 여기던 소년 칼이 위험을 무릅쓰고 책을 전하러 오는 책 아주머니로 인해 글을 배우고 책을 읽게 된다. 글에서 드러나지 않는 인물의 생각과 마음, 작가의 의도 등을 추론해 볼 수 있다.	꿈을 현실로 만드는 무화과의 힘을 빌려 부자가 되려는 욕심 많은 주인공. 이야기에서 드러나지 않는 내용, 인물의 성격, 마지막 반전 내용, 작가의 의도 등을 추론해 볼 수 있다.	서로의 눈과 날개가 되어 깊은 우정을 나누며 살고 있는 개와 까치 앞에 나타난 여우. 여우는 어떤 인물일까? 인물의 성격, 이어지는 뒷이야기, 이야기의 주제 등을 추론해 볼 수 있다.

수업 후기

아이들 이야기

- 나도 주인공과 비슷한 경험이 있었다. 친구들도 비슷한 경험이 있다고 했지만, '내가 주인공이라면 어떻게 할까?'에 대한 대답은 서로 달랐다. 주인공과 주인공의 친구 준호가 서로 다르게 행동한 것처럼 말이다. 이야기 속 인물의 마음을 추론하는 수업이었지만, 우리 반 친구들의 성격도 추론해 볼 수 있었다.

- 이야기 속 인물이 되어 일기를 써 보는 활동은 처음 해 보았다. 일기의 요건이 인물의 마음이 장면마다 들어가는 것이어서 평소 책을 읽을 때보다 훨씬 꼼꼼하게 인물의 마음을 짚어가며 읽었다.

- 마지막에 피아노 학원 앞에서 비가 그치기를 기다리던 아이가 주인공을 따라 뛰어가는 장면이 인상적이었다. 용기 없던 주인공이 친구의 도움으로 용기와 자신감을 얻었었는데, 이번에는 주인공의 용기 있는 행동에 다른 누군가가 영향을 받아 용기를 가지게 된다는 마무리가 그럴듯했다.

선생님 이야기

- 그림책 내용이 6학년 수준에 비해 너무 쉬운 것이 아닐까...? 하는 고민이 있었다. 하지만 이야기의 흐름에 따른 인물의 마음 변화를 자연스럽게 연결하여 한 편의 일기로 쓰는 수행 과제를 해결하려면 이야기의 내용 파악이 어렵지 않아야 할 것 같아 해당 그림책을 활용했다.

- 누구나 한 번은 겪었을 법한 이야기를 다루고 있으며, 인물들이 주고받는 대사도 군더더기가 전혀 없이 담백하고 현실감이 있어서 6학년 학생들이 몰입하여 읽었다. 문제 상황을 마주했을 때 작은 용기가 상황을 바꿀 수 있다는 것, 주변의 작은 도움이 어려움을 겪는 사람에게 큰 힘을 줄 수 있다는 것을 아이들이 깨달았기를 바란다.

이 글의 주제는 무엇일까?

글쓴이가 말하고자 하는 주장이나 주제 파악하기

종이 봉지 공주

글: 로버트 문치
그림: 마이클 마첸코
비룡소(1998)

엘리자베스 공주는 로널드 왕자와 결혼하기로 되어 있었다.
어느 날, 무서운 용이 나타나 공주의 성을 부수고 뜨거운 불기를 내뿜어 공주의 옷을 몽땅 태우고 왕자를 잡아가 버렸다.
입을 것이 없었던 공주는 종이 봉지를 주워 입고 왕자를 구하러 나선다. 공주는 지혜를 발휘해 왕자를 구하지만, 왕자는 공주의 지저분한 차림을 타박한다. 결국 두 사람은 결혼하지 않는다. 그토록 좋아하던 왕자와 결혼하지 않는 엘리자베스.

글쓴이는 우리에게 무엇을 말하고 싶었을까?

수업 준비

BOOK RECIPE

이 책은 여러 관점에서 주제를 찾아볼 수 있습니다. 양성평등, 외모지상주의에 대한 비판, 내면적 아름다움의 중요성 등을 주제로 찾을 수 있습니다. 작품에 대한 이해와 감상을 친구들과 나누는 여러 가지 독서 활동을 통해 이 책의 주제를 찾아가는 수업을 할 수 있습니다.

관련 성취 기준

[국어] 2022 성취 기준	[6국 05-01] 작가의 의도를 생각하며 작품을 읽는다. [6국 05-04] 인상적인 부분을 중심으로 작품에 대한 의견을 나눈다. [6국 05-06] 작품을 읽고 자신의 삶과 연결 지어 성찰하는 태도를 지닌다.

수업 활동

읽기 전

질문으로 내용 예측하기

1. 공주의 이름이 왜 종이 봉지 공주일까요?, 왜 종이 봉지를 입고 있을까요?
2. 공주와 용 사이에 어떤 일이 있을까요?
3. 용의 표정으로 보아 용의 성격은 어떨까요?
4. 제목과 표지 그림으로 보아 어떤 이야기가 펼쳐질까요?

읽기 중

질문으로 내용 파악하기

1. 공주는 어떤 말로 용을 칭찬했나요?
2. 자신을 구해준 공주에게 왕자는 어떤 말을 했나요?
3. 옷차림을 타박하는 왕자에게 공주는 어떤 말을 했나요?

공주가 처한 상황에서 '나라면...' 어떻게 할지 이야기 나누기

1. 나라면 어떤 방법으로 용을 물리칠 수 있을까?
2. 나라면 공주처럼 차려입고 오라는 왕자를 어떻게 대할까?

이어질 내용 상상하기

1. 공주의 칭찬을 들은 용은 어떻게 행동할까요?
2. 왕자에게 옷차림 때문에 타박을 받은 공주는 어떻게 행동할까요?

BOOK RECIPE

인물의 말과 행동을 통해 이야기의 주제가 드러나므로 읽는 동안 공주, 왕자, 용의 말과 행동에 주목하게 합니다. 또한 나라면 공주와 같은 상황에서 어떻게 할지 생각하고 이야기 나누어 봄으로써 작품에 대한 이해를 깊게 할 수 있습니다.

읽기 후

이야기 이해와 감상을 위한 질문 만들기

1. 글에서 답을 찾을 수 있는 질문 (사실 질문)
2. 글에서 답을 찾을 수 없는 질문 (추론·평가·감상 질문)

추론 · 평가 · 감상 질문의 유형

- 생각, 느낌, 상상한 내용을 묻는 질문
- 관련된 경험을 묻는 질문
- 인물의 말과 행동을 평가하는 질문
- 인상 깊은 문구나 장면을 묻는 질문 등

질문으로 이야기 나누기

1. 짝 또는 모둠에서 각자의 질문에 대해 돌아가며 이야기 나누기
2. 모둠에서 좋은 질문을 뽑아 학급 전체에서 모으고, 학급 전체에서 하나의 주제에 대해 토의하기

3. 작품 속 인물, 또는 작가에게 하는 질문을 만들어 핫시팅 활동하기

4. 질문 돌림판, 질문 상자, 질문 보드판 등을 이용하여 질문 놀이하기

토의를 통해 이야기의 주제 찾기

주제에 대한 생각을 나눌 때 유의점

- 이 이야기의 주제는 여러 가지로 생각해 볼 수 있으므로 여러 가지 관점에서 생각해 보기
- 주제를 이야기할 때는 그렇게 생각한 근거와 이유를 함께 말하기

BOOK RECIPE

질문에 대한 답이나 생각은 다양할 수 있습니다. 하지만 왜 그렇게 생각하는지, 이야기의 어느 부분에서 생각의 근거를 얻었는지, 자신의 어떤 경험에서 그런 생각을 얻게 되었는지, 근거를 함께 이야기하도록 하는 것이 중요합니다.

수업 자료 및 학습 결과

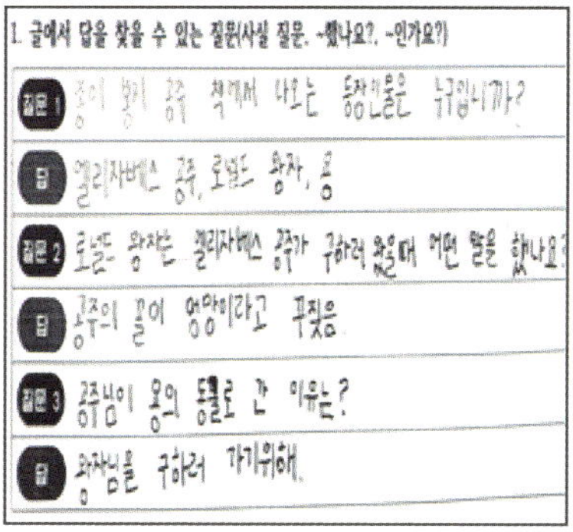
1. 글에서 답을 찾을 수 있는 질문(사실 질문, ~했나요?, ~인가요?)
질문 1 종이 봉지 공주 책에서 나오는 등장인물은 누구입니까?
답 엘리자베스 공주, 로널드 왕자, 용
질문 2 로널드 왕자는 엘리자베스 공주가 구하러 왔을때 어떤 말을 했나요?
답 공주의 꼴이 엉망이라고 꾸짖음
질문 3 공주님이 용의 동굴로 간 이유는?
답 왕자님을 구하러 가기위해.

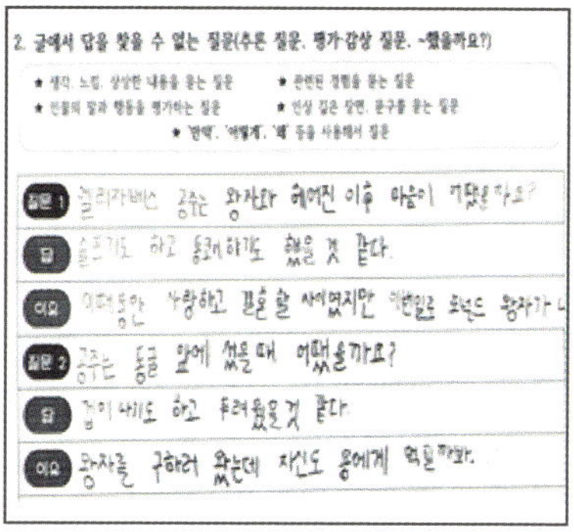
2. 글에서 답을 찾을 수 없는 질문(추론 질문, 평가·감상 질문, ~했을까요?)
질문 1 엘리자베스 공주는 왕자와 헤어진 이유 마음이 어땠을까요?
답 슬프기도 하고 통쾌하기도 했을 것 같다.
질문 2 공주는 동굴 앞에 섰을 때 어땠을까요?
답 겁이 나기도 하고 두려웠을 것 같다.
이유 왕자를 구하러 왔는데 자신도 용에게 먹힐까봐.

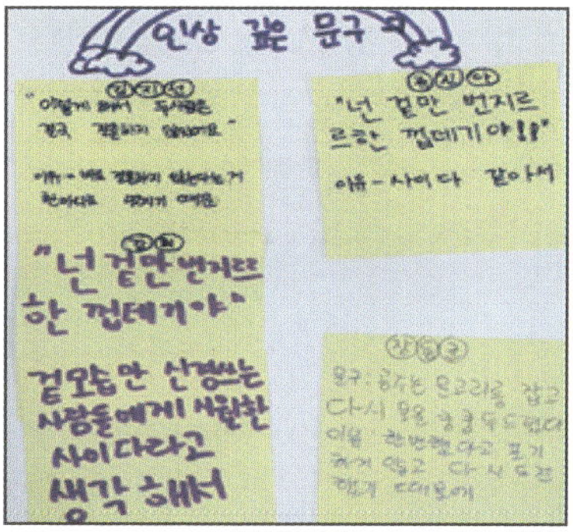
인상 깊은 문구
"넌 겉만 번지르르한 껍데기야!"
이유 - 사이다 같아서
"넌 겉만 번지르르한 껍데기야"
겉모습만 신경쓰는 사람들에게 시원한 사이다라고 생각해서

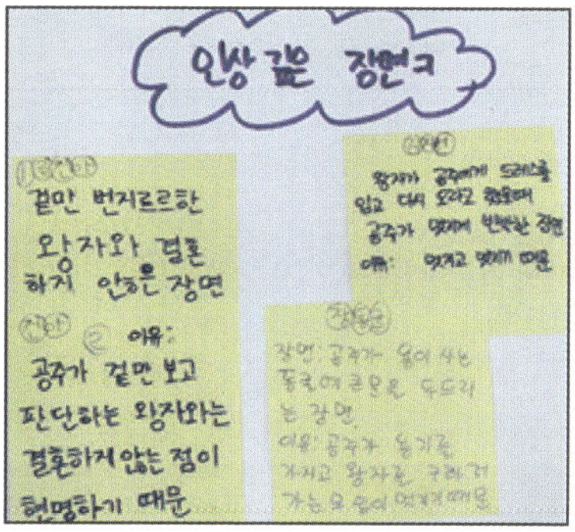
인상 깊은 장면
겉만 번지르르한 왕자와 결혼 하지 않은 장면
이유: 공주가 겉만 보고 판단하는 왕자와는 결혼하지 않는 점이 현명하기 때문

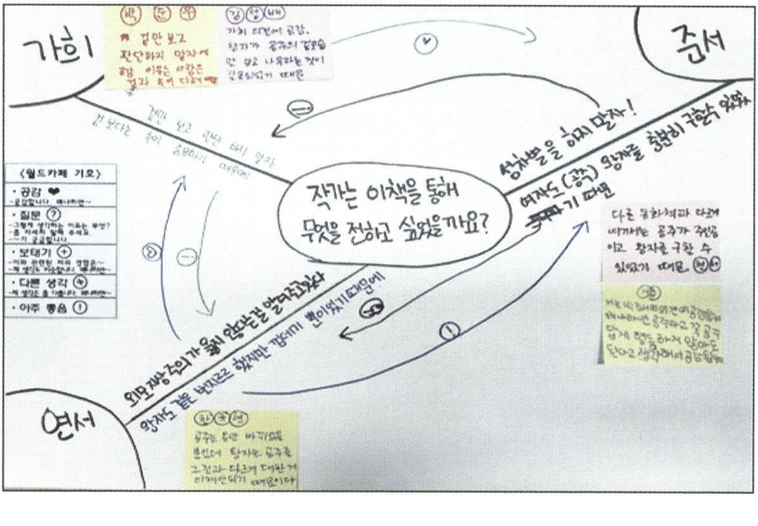
가희
준서
연서
작가는 이책을 통해 무엇을 전하고 싶었을까요?
성차별을 하지 말자!
여자도 (공주) 왕자를 충분히 구할 수 있기 때문
외모지상주의가 옳지 않다는 걸 알려주고 싶다
왕자도 겉은 번지르르 했지만 껍데기 뿐이었기 때문에
〈월드카페 기호〉
· 공감
· 질문
· 보태기
· 다른 생각
· 아주 좋음

평가(채점) 기준표

성취 기준	[6국 05-01] 작가의 의도를 생각하며 작품을 읽는다.	
평가 요소	이야기의 주제 찾기	
평가 방법	관찰평가, 구두평가	
평가 기준	상	작품에 대한 이해와 감상을 바탕으로 이야기의 주제를 정확히 파악함.
	중	작품에 대한 이해와 감상을 바탕으로 이야기의 주제를 대략적으로 파악함.
	하	작품에 대한 이해가 부족하여 주제를 바르게 찾지 못함.

관련 도서

커다란 악어알	미어캣의 스카프	나는 꼭 의사가 될 거예요
글: 김란주 그림: 타니아 손 파란자전거(2013)	글 · 그림: 임경섭 고래이야기(2013)	글: 타냐 리 스톤 그림: 마조리 프라이스먼 정글짐북스(2015)
가족의 말 한 마디에 마음과 행동이 좌우되는 새끼 악어. 타인의 시선에 따라 정체성이 변하는 주인공을 통해 자신이 자신을 바라보는 시선, 또는 타인을 바라보는 시선에 대해 생각해 볼 수 있다.	끊임없이 새로운 스카프를 가지려고 하는 미어캣들. 과연 남보다 많이 가져야 행복해질 수 있는 것인지, 맹목적으로 남들과 같은 삶을 추구하는 것이 옳은지 생각해 볼 수 있다.	최초의 여자 의사, 엘리자베스 블랙웰의 실제 이야기를 바탕으로 양성평등, 불가능하다고 여겨지는 일에 대한 도전에 대해 생각해 볼 수 있다.

수업 후기

아이들 이야기

- 그림책은 저학년 때 많이 보았는데, 6학년이 되어 그림책을 보니 새로웠다. 그런데 내가 저학년 때 이 그림책을 봤어도 이 그림책의 주제를 잘 찾을 수 있었을까?

- 이야기 마지막 부분에 공주가 왕자에게 한 말과 행동에 속이 시원했다. '넌 겉만 번지르르한 껍데기야!'라고 말하고 결혼하지 않은 결말이 맘에 들었다.

- 그림책을 읽고 친구들과 이야기를 많이 나눌 수 있어서 좋았다. 인상 깊은 장면에 대해서 이야기를 나눌 때는 비슷한 것도 있었고 다른 것도 있었다. 관련된 경험에 대해서 이야기를 나누니 우리도 사람을 볼 때 외모를 많이 본다는 것을 알게 되었다.

- 공주와 왕자가 나오는 이야기를 이렇게 다르게 쓸 수도 있다는 것이 놀라웠다. 현대에는 '백설공주'나 '잠자는 숲 속의 공주'보다 '종이 봉지 공주'가 더 필요하지 않을까?

선생님 이야기

- 이 그림책은 한 차시 수업이 아니라 10차시로 진행된 독서단원 수업에 활용하였기에 깊이 있게 읽고 다양한 감상 활동을 할 수 있어서 좋았다. 질문으로 이야기 나누기, 토의를 통해 주제 찾기 등의 활동을 통해 이야기를 깊이 있게 이해하고 감상할 수 있었다.

- 이 그림책은 '고학년 아이들이 그림책을 유치하다고 흥미 없어 하면 어쩌지?' 하는 걱정을 없애 주었다. 이 그림책의 주제를 깊이 있게 이해하기 위해서는 오히려 고학년에 적용하는 것이 더 적합하다는 것을 알게 되었다.

- 브레인 라이팅 기법으로 월드카페 토의를 해 보았는데, 고학년이긴 하지만 생각을 글로 쓰고 이야기하는 활동이 신속하게 이루어지지 않았다. 글쓰기와 이야기 나누기를 동시 진행하기에 어려움이 있어 좀 더 아이들이 쉽게 할 수 있는 방법으로 수정해야겠다.

너의 주장은 무엇이니?

적절한 근거와 알맞은 표현으로 주장하는 글쓰기

뽕가맨

글 · 그림: 윤지회
보림(2010)

이 책의 주인공은 다섯 살 남자 아이 준이다. 준이는 엄마를 따라 마트에 갔다가 다섯 평생 본 적 없는 멋진 로봇을 보게 된다. 뽕가맨을 사면 뽕가맨 가면도 준다는데 아무리 졸라도 엄마는 뽕가맨을 사주지 않는다.

그날 이후 준이의 머릿속에는 뽕가맨이 떠나지 않는다. 급기야 유치원 현장 학습을 갔다가 돌아오는 버스 안의 모든 사람이 뽕가맨으로 보이게 된다.

이런 상황에서 준이 엄마는 준이에게 뽕가맨을 사줘야 할까, 사주지 말아야 할까?

수업 준비

BOOK RECIPE

교과서에 실린 주장하는 글의 예시문은 '자연 보호', '전통 음식 보전' 등 당위성을 가진 주제에 관한 것이라 이견이 있을 수 없고 모두 해야만 하는 일인 경우가 많습니다. 이 책의 문제 상황에 대한 주장은 한 가지로 정해져 있지 않습니다. 자신의 경험과 생각에 따라 주장이 달라질 수 있습니다. 학생의 삶과 밀접한 문제 상황이 나타나 있고, 문제 상황에 대한 주장이 서로 다를 수 있어 주장을 표현하는 활동의 소재로 사용하기에 좋습니다.

관련 성취 기준

[국어] 2022 성취 기준	[4국 01-06] 주제에 적절한 의견과 이유를 제시하고 서로의 생각을 교환하며 토의한다. [4국 03-03] 대상에 대한 자신의 의견과 그렇게 생각한 이유가 드러나게 글을 쓴다. [6국 03-02] 적절한 근거를 사용하고 인용의 출처를 밝히며 주장하는 글을 쓴다.

수업 활동

읽기 전

질문으로 내용 예측하기 / 관련 경험 불러오기

1. 표지 그림을 보아 '뽕가맨'이 무엇일까요?
2. 이 이야기의 주인공은 몇 살쯤일까요?
3. 여러분은 어릴 때 어떤 장난감을 좋아했었나요?
4. 갖고 싶은 장난감을 갖지 못해서 속상했던 적이 있나요?
5. 제목과 표지 그림으로 보아 어떤 이야기가 펼쳐질까요?

읽기 중

인물의 마음 짐작하기

1. '뽕가맨'을 처음 본 준이의 표정을 보고 준이의 마음 짐작하기
2. 밥 먹을 때 준이의 생각을 보고 준이의 마음 짐작하기
3. 놀이터에서 '왔다맨'을 처음 본 준이의 표정을 보고 준이의 마음 짐작하기

관련 경험 떠올리기 / 자신과 관련 지어 이야기 나누기

이야기의 주제

1. 과거에 여러분은 부모님께 어떤 물건을 사달라고 조른 적이 있나요? 그때 부모님은 어떤 반응을 보이셨나요?
2. 준이가 '뽕가맨'을 너무 갖고 싶어합니다. 준이의 엄마는 '뽕가맨'을 사주어야 할까요? 사주지 말아야 할까요? 준이의 엄마는 어떤 마음일까요?

BOOK RECIPE

주인공 준이에게 '뽕가맨'을 사주어야 할지, 사주지 말아야 할지, 학생들은 각자의 주장에 따라 근거를 들어 이야기를 나누어 볼 수 있습니다. 학생들은 자신의 경험과 가치관에 따라 서로 다른 주장을 할 수 있고, 친구들과 이야기를 나눈 내용을 바탕으로 글을 쓴다면 글쓰기가 좀 더 수월해질 것입니다.

읽기 후

주장을 정하여 논설문 쓰기

1. 문제 상황에 대해 주장을 정하고 근거 마련하기

문제 상황에 대한 주장 정하기
(준이에게 뽕가맨을) 사주어야 한다 VS 사주면 안 된다

2. 자신의 주장과 근거를 바탕으로 친구들과 이야기 나누기
3. 주장과 근거를 바탕으로 논설문의 개요 쓰기
4. 논설문의 짜임 및 평가 기준 확인하기

논설문의 짜임	논설문의 평가 기준	
	내용 면	표현 면
서론: 문제 상황 + 주장 본론: 주장에 대한 근거 (첫째, 둘째, 셋째...) 결론: 본론 요약 + 재주장	- 근거가 주장과 관련 있는가? - 근거가 주장을 잘 뒷받침하는가?	- 객관적인 표현 쓰기 - 모호한 표현 쓰지 않기 - 단정하는 표현 쓰지 않기

5. 논설문 쓰기의 과제 상황 확인하기

> **논설문 쓰기 과제 상황**
>
> – 목적: '뽕가맨'의 준이 어머니를 설득하기 위해
>
> – 형식: 준이 어머니께 보내는 편지 형식

6. 개요를 바탕으로 논설문의 짜임에 맞게 편지 쓰기
7. 쓴 글을 돌려 읽고 평가하고 친구들과 서로 피드백하기
8. 피드백 내용을 바탕으로 고쳐 쓰기
9. 발표 및 평가 / 감상하기

BOOK RECIPE

친구의 글을 평가할 때는 내용 면, 표현 면에서 평가 기준에 따라 평가하고, 수정할 부분을 알려주는 것에서 그치지 않고 어떻게 수정하면 좋을지도 피드백하여 의미 있는 평가가 이루어지도록 하는 것이 좋습니다. 또한 동료 피드백 후에는 피드백 내용을 고쳐 쓰기에도 반영하도록 해야 실질적으로 도움 되는 피드백이 되겠지요.

수업 자료 및 학습 결과

논설문 개요 쓰기

주장

첫 번째 근거	두 번째 근거	세 번째 근거
근거 뒷받침 내용	근거 뒷받침 내용	근거 뒷받침 내용

편지 형식으로 논설문 쓰기

〈 준이 어머니께 〉

□ 준이 어머니!

논설문 평가하기

매우잘함:♡♡♡ 잘함:♡♡ 보통:♡

평가 관점	자기 평가	동료 평가		
서론-본론-결론의 짜임으로 이루어져 있나요?	♡♡♡	♡♡♡	♡♡♡	♡♡♡
서론에 문제 상황과 주장이 잘 나타나 있나요?	♡♡♡	♡♡♡	♡♡♡	♡♡♡
본론에 주장에 대한 근거가 잘 나타나 있나요?	♡♡♡	♡♡♡	♡♡♡	♡♡♡
결론에 근거 요약과 재주장이 잘 나타나 있나요?	♡♡♡	♡♡♡	♡♡♡	♡♡♡
타당한 근거와 알맞은 표현으로 쓰여져 있나요?	♡♡♡	♡♡♡	♡♡♡	♡♡♡

★ 수정이 필요한 부분 : 서론, 근거1, 근거2, 근거3, 결론 (○ 표시)

★ 수정이 필요한 이유 :

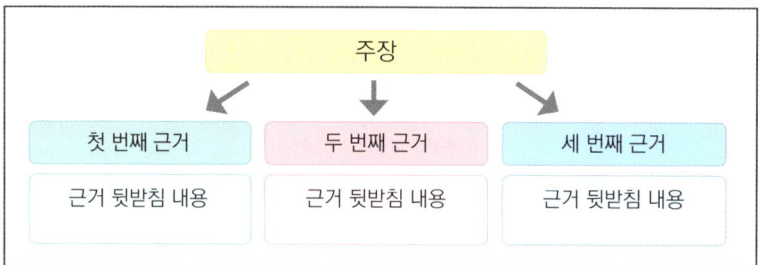

배OO

1. 의견: 사주면 안 될 것 같습니다.
2. 뒷받침 내용(근거)

첫째, 사주면은 또 그 아이가 까먹어서 며칠 지나지 않아 또 무엇을 또 사달라고 해서 엄마 아빠가 너무 많이 사서 돈이 적어져 집니다.
둘째, 어차피 유행이 지나면 그거 사 봤자 버릴 게 뻔하기 때문입니다.
셋째, 계속 사주면 그 버릇이 습관이 되어 계속 사달라고 할 것이기 때문에 사주면 안 될 것 같습니다.

이OO

1. 의견: 사주어야 합니다.
2. 뒷받침 내용(근거)

첫째, 환각이 그 정도로 심하면 안 사주면 더 악화될 수 있어서 사주어야 합니다. 저는 비슷한 내용을 tv로 봤는데, 의사도 사주어야 한다고 하였고, 실제로 증상이 더 악화되었기 때문입니다.
둘째, 사주면 안 된다고 하는 입장에선 유행이 지나면 잊힌다고 하였는데, 유행이 지나도록 안 사주면, 유행이었을 때 못 가지고 놀아서 더 그때가 후회스러울 수 있습니다. 저도 비슷한 경험을 했었는데, 나중에 유행이 지나서 사주면, 유행이 지나 별로 재미가 없어지고, 그리고 어릴 땐 유행을 즐기는 것도 하나의 재미가 될 수 있는데, 유행을 못 즐겨 속상할 수 있기 때문입니다.

채O

1. 의견: 사주어야 한다.
2. 뒷받침 내용(근거)

첫째, 안 사주면 정신적으로도 이상해질 수 있어서 사주어야 한다.
둘째, 내가 갖고 싶은 게 있었는데 엄마가 안 사줬는데 그 아이에게도 안 사주면 왠지 그 아이도 슬프고 나도 슬플 거 같아서 사주어야 한다.
셋째, 다른 친구들은 다 있는데 자기만 없으면 소외 당하는 느낌도 들고, 친구들이 뽕가맨 이야기를 할 때 이야기를 같이 못 할 거 같아서 사주어야 한다.

제목: 준이에게 '뽕가맨'을 사주어야 합니다.

준이 어머니, 안녕하세요? 준이에게 뽕가맨을 사주어야 할지, 사주지 말아야 할지 고민이 많이 되시지요? 제 생각에는 준이에게 뽕가맨을 사주는 것이 더 나을 것 같습니다.

준이는 요즘 보이는 것마다 뽕가맨으로 보이고, 그것 때문에 다른 일에 집중도 못하고 있습니다. 일상생활에 지장을 받을 정도인데 안 사주면 점점 더 심해질지도 모릅니다.

또 어릴 때 유행을 즐기는 것도 하나의 재미가 될 수 있습니다. 나중에 유행이 바뀌더라도 모든 친구들이 가지고 노는 장난감을 못 가지면 혼자 재미도 없고 속상할 것입니다. 저도 비슷한 경험이 있는데 나중에 지나서 가지니 오히려 아쉽고 후회가 되었습니다.

만약에 준이가 또 다른 장난감을 사달라고 하거나 돈을 낭비할 것이 걱정된다면, 다음에는 준이가 양보해야 한다고 미리 다짐을 받고 사줄 수도 있습니다.

준이가 뽕가맨만 생각하느라 일상생활에 지장을 받지 않도록 하고, 친구들과 함께 유행하는 장난감을 즐길 수 있도록 뽕가맨을 사주시기 바랍니다.

제목: 준이이게 '뽕가맨'을 사주지 마세요.

준이 어머니, 요즘 준이가 '뽕가맨'을 사달라고 계속 졸라대고 있지요? 하지만 저는 준이에게 뽕가맨을 사주면 안 된다고 생각합니다.
왜냐하면 첫째, 아이가 조르고 떼를 쓴다고 모두 들어주게 되면 버릇이 나빠지기 때문입니다.
준이가 아직 어리긴 하지만 원하는 것이 있어도 참을 줄도 알아야 하고 원하는 것을 얻기 위해서는 노력이 필요하다는 것을 배우게 하는 것이 좋겠습니다.
둘째, 장난감도 유행을 타기 때문입니다. 준이가 지금은 뽕가맨을 사고 싶어 하지만 얼마 후에는 다른 장난감을 원할지도 모릅니다. 유행하는 장난감을 그때마다 다 사는 것은 돈 낭비가 됩니다.
아이가 떼를 쓴다고 해서 바로 들어주면 버릇이 나빠질 수 있고, 장난감은 유행을 타기 때문에 준이에게 뽕가맨을 사주지 않는 것이 좋겠습니다.

평가(채점) 기준표

성취 기준	[6국 03-02] 적절한 근거를 사용하고 인용의 출처를 밝히며 주장하는 글을 쓴다.	
평가 요소	편지 형식으로 논설문 쓰기	
평가 방법	논술평가, 관찰평가	
평가 기준	상	논설문의 구성 요건에 맞게 글을 매우 잘 씀.
	중	논설문의 구성 요건에 맞게 글을 대체적으로 잘 씀.
	하	논설문의 구성 요건에 맞게 글쓰기를 어려워함.

관련 도서

용돈 좀 올려주세요	돼지책	줄무늬가 생겼어요
글: 아마노 유우끼찌 그림: 오오쯔끼 아까네 창비(2009)	글 · 그림: 앤서니 브라운 웅진주니어(2001)	글 · 그림: 데이비드 섀넌 비룡소(2006)
주인공 찬이는 어떻게 하면 부모님을 설득하여 용돈을 올려 받을 수 있을지 고민한다. 찬이의 입장, 또는 부모님의 입장에서 자신의 주장을 표현하는 활동을 할 수 있다.	엄마에게만 집안일을 시키는 가족들. 그런 가족들을 두고 집을 나가버린 엄마. 엄마를 비롯하여 돼지책 가족들의 행동에 대해 여러 가지 방법으로 주장을 표현하는 활동을 할 수 있다.	주변의 시선을 지나치게 신경쓰다가 줄무늬병에 걸린 주인공. 주인공에 대해, 주인공을 둘러싼 친구들에 대해 자신의 의견을 표현하는 활동을 할 수 있다.

수업 후기

아이들 이야기

- 나도 어릴 때 갖고 싶은 장난감이 있었는데, 이 책을 보니 그때 생각이 나서 준이에게 공감이 되었다. 내 이야기를 할 수 있어서 논설문을 쓰기가 쉬웠다.

- 친구들의 이야기를 듣고 다들 비슷한 경험이 있었다는 것을 알게 되었다. 그런데 비슷한 경험은 있지만, 논설문의 주장은 서로 달라서 신기했다.

- 논설문을 쓴 다음 이야기의 뒷부분을 읽었는데, 우리가 쓴 근거랑 비슷해서 놀랍고 재미있었다. 준이가 뽕가맨을 가지게 되어 그렇게 좋아하다가 새로운 '왔다맨'을 보고 또 한눈에 반한다는 이야기가 재미있었다. 현실에서도 있을 만한 이야기인 것 같다.

- 나랑 다른 주장을 했지만, 그 친구의 근거도 일리가 있었다. 나는 장난감은 유행이 지나면 흥미를 잃을 거라고 생각했는데, 유행할 때 가지고 놀아야 재미있고 친구들과 함께 할 수 있어야 한다는 말을 들으니 그것도 맞는 말 같았다.

선생님 이야기

● 사실 논설문의 주제가 6학년에게 너무 쉬운 것이 아닐까 고민도 되었다. 그런데 이 주제는 실생활에서 우리가 흔히 접할 수 있는 것으로 많은 아이들이 자신의 경험을 바탕으로 마음에서 우러난 주장을 펼칠 수 있다는 점에서 의미가 있다고 생각한다.

● 교과서의 예시문들은 '자연을 보호하자', '전통 음식을 사랑하자' 등 학생들의 실생활과 밀접성이 다소 떨어지고 반대가 있을 수 없는 당위적인 내용들이라 학생들이 흥미를 보이기 어려웠다. 반면에 '뽕가맨'을 사느냐, 마느냐는 개인의 경험과 가치관에 따라 서로 다른 주장을 펼칠 수 있고, 정답이 없는 문제라 찬반 논설문을 함께 들어볼 수 있는 재미가 있었다.

인물이 추구하는 삶의 가치는 무엇일까?

인물의 삶의 태도 파악하기

안젤로

글 · 그림: 데이비드 맥컬레이
북뱅크(2009)

성당 보수 공사를 하고 있는 미장이 안젤로는 어느 날 성당 꼭대기를 청소하다 다친 비둘기를 발견한다. 차마 비둘기를 그냥 둘 수 없어 집으로 데리고 오고, 겉으로는 투덜대지만 온갖 정성을 다하여 비둘기를 치료해 준다.

날은 점점 추워지고 기운은 점점 떨어지는 안젤로. 마침내 죽음이 가까워진 걸 느낀 안젤로는 성당 보수 공사를 끝내지 못할까봐 걱정하고, 또 자신이 죽은 뒤 집이 없어질 비둘기를 걱정한다.

안젤로가 추구하는 삶의 가치는 무엇일까?

수업 준비

BOOK RECIPE

안젤로는 죽음을 앞두고서도 자신에게 닥쳐온 죽음보다 자신이 맡은 성당 보수 공사를 마치지 못할까봐 걱정하고, 자신이 죽은 뒤에 집이 없어질 비둘기를 걱정합니다. 안젤로가 자신이 맡은 일에 대하는 모습, 또 비둘기를 대하는 모습에서 추구하는 삶의 가치를 발견하고 이를 우리 자신의 삶과 연결 지어 볼 수 있습니다.

관련 성취 기준

[국어] 2022 성취 기준	[6국 05-04] 인상적인 부분을 중심으로 작품에 대한 의견을 나눈다. [6국 05-06] 작품을 읽고 자신의 삶과 연관 지어 성찰하는 태도를 지닌다.

수업 활동

읽기 전

질문으로 내용 예측하기

1. '안젤로'라는 제목은 무엇을 의미할까요?
2. 인물은 무엇을 하는 사람일까요?
3. 인물과 새는 어떤 관계일까요?
4. 제목과 표지 그림으로 보아 어떤 이야기가 펼쳐질까요?

읽기 중

인물의 마음, 생략된 내용 추론하기

1. 새를 정성 들여 치료하고 일터에까지 데려가는 안젤로는 새에 대해 어떤 마음일까요?
2. 새에게 자신이 작업한 곳을 설명하는 안젤로의 모습을 보아 안젤로는 자신의 일에 대해 어떻게 생각하나요?
3. 성당을 다시 손보아야 했을 때 젊은 미장이들이 안젤로의 둥지에 손을 대지 않은 이유는 무엇일까요?

그림 읽기

1. 식당에서 실비아가 친구들과 함께 안젤로를 위해 공연을 펼칠 때 얼굴이 붉어진 안젤로의 모습과 불만스러운 식당 주인의 모습
2. 안젤로가 자신이 해 온 일을 실비아에게 설명할 때 각각 서로 다른 풍경을 떠올리는 안젤로와 실비아의 모습

BOOK RECIPE

이 책은 글 못지않게 그림이 많은 내용을 담고 있습니다. 정교한 묘사와 유머가 들어있는 그림은 이 책을 읽는 즐거움을 더해 줍니다. 그림의 곳곳에 숨어있는 재미를 놓치지 않도록 한 장면 한 장면 세심하게 살펴보고 숨은 의미를 찾아보게 하는 것이 좋습니다.

읽기 후

인물이 추구하는 삶의 가치 찾기

1. 인물이 추구하는 가치를 알 수 있는 말과 행동 찾아보기

> 안젤로가 추구하는 가치를 찾는 두 가지 관점
>
> – 안젤로가 자신의 일을 대하는 태도에서 알 수 있는 삶의 가치
>
> – 안젤로가 비둘기 실비아를 대하는 태도에서 알 수 있는 삶의 가치

2. 인물이 추구하는 가치 찾기

| 가치 낱말표 활용하여 가치 찾기 |

겸손	극복	공감	공익	우정	이익	이해	인내
공정	관용	긍정	끈기	자신감	정의	정직	존중
노력	도전	믿음	배려	진실	책임	평등	평화
배움	봉사	사랑	생명 존중	행복	협동	효도	희망
신뢰	열정	용기	용서	자부심, 긍지	지혜	최선	

-열정 : 어떤 일에 애정을 가지고 정신을 쏟는 마음
-자부심 : 스스로를 믿고 당당하게 여기는 마음
-긍지 : 자신의 능력을 믿음으로써 가지는 당당함
-관용 : 남에 잘못에 대한 너그러운 마음. 용서함
-정의 : 바르고 공정함
-공익 : 공동의 이익

3. 인물이 추구한 가치를 자신의 삶과 관련짓기

인물이 추구하는 가치를 자신의 삶과 연결 짓는 질문

- 인물이 추구하는 가치에서 느낀 점은 무엇인가?
- 인물과 나의 비슷한 점과 다른 점은 무엇인가? 나라면 그 상황에서 어떻게 할 것인가?
- 인물이 추구하는 가치와 관련된 나의 경험은 무엇인가?
- 인물이 추구한 가치 중 나에게 특히 필요한 가치는 무엇인가?

BOOK RECIPE

학생들이 작품 속 인물이 추구하는 가치는 비교적 잘 찾지만, 인물의 삶의 태도와 자신의 삶을 연결 짓는 활동은 어려워할 수 있습니다. 이때 인물과 자신을 어떻게 연결 지어 볼 수 있는지 여러 가지 관점에서 생각해 보게 하는 질문이 필요합니다. 예를 들어 인물이 추구하는 가치와 관련된 나의 경험은 무엇인지 생각해 보게 하는 질문을 할 수 있습니다.

4. 인물과 자신을 관련지어 글쓰기 / 인물을 소개하는 글쓰기

수업 자료 및 학습 결과

인물이 추구하는 가치를 나의 삶과 관련 짓기

1. 인물이 추구하는 가치가 드러나는 말과 행동 찾기

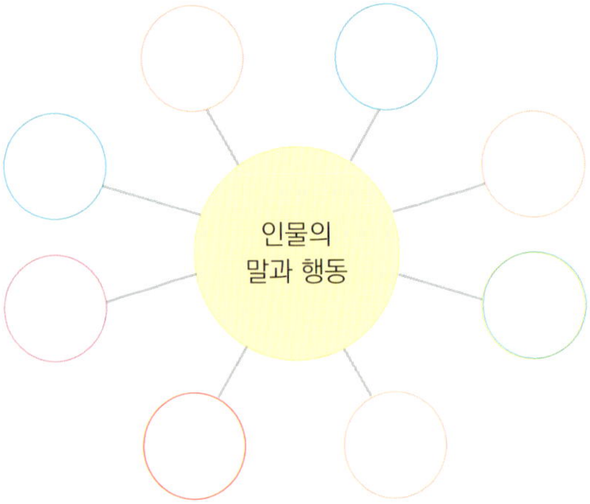

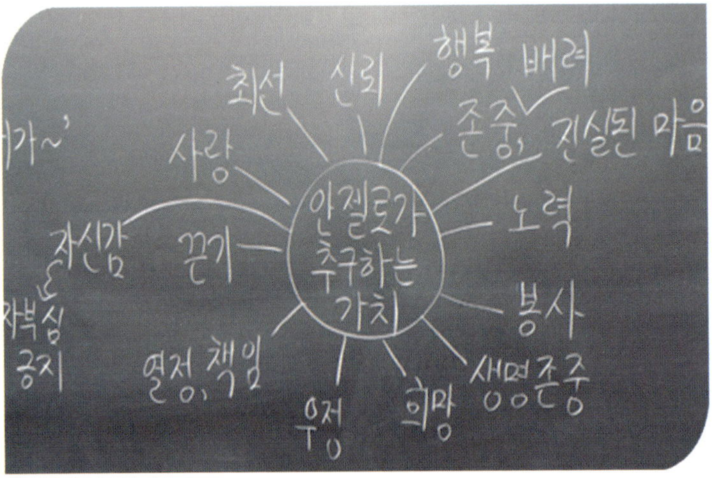

2. 인물이 추구하는 가치를 파악하기

가치 낱말	인물이 추구하는 가치
	·
	·

허OO

1. 사랑, 책임
   자기가 죽을 날이 얼마 안 남은 걸 알면서도 실비아를 사랑하는 마음으로 책임감 있게 돌보는 모습이 멋있다.
2. 열정, 정직
   자기가 해야 할 일을 열정적으로 정직하게 하는 모습이 멋있다.

류OO

1. 믿음, 열정
   안젤로는 그 일을 다할 수 있을 거라는 믿음으로 열정적으로 그 일은 해낸 것 같다.
2. 책임
   실비아를 처음 본 날부터 책임감 있게 키우고, 생명을 존중하고, 끈기 있게 보살펴주고, 노력을 하면서 간호를 했다.
3. 우정, 사랑
   실비아를 생각하는 마음은 점점 같이 지내면서 우정과 사랑이 생겼다. 실비아를 가족처럼 생각하면서 친근하게 생각했다.

전OO

1. 책임
   안젤로는 무엇이든지 책임감 있게 임했다. 미장이 생활에서도 책임감 있게 성당을 수리했으며, 실비아가 아기 비둘기였을 때도 책임감 있게 실비아를 고쳐주었다. 안젤로는 끝까지 자신이 죽을 때마저 자신에게 가족 같은 존재였던 실비아의 보금자리까지 마련해 주었다. 우리는 이런 책임감을 가진 안젤로에게 많이 깨달아야 한다.

3. 인물이 추구하는 가치가 드러나게 인물 소개하기

제목 :

4. 인물이 추구하는 가치를 나의 삶과 관련짓기

- 인물이 추구하는 가치에서 느낀 점
- 인물이 추구하는 가치와 관련된 나의 경험
- 나라면 어떻게 했을까?
- 나는 어떤 사람인가?

나는 안젤로 가 추구하는 가치가 책임과 최선
이라고 생각한다. 안젤로는 자신이 노인이 되어
죽을 날이 다가오면서까지 실비아를 돌보며
성당 보수까지 하고 자신의 마지막 밤엔
둥지의 재료를 석고와 섞어 실비아의 둥지까지
만들어 줬으니 일을 최선을 다해 마무리
하고 실비아에 대한 책임을 끝까지
지니 추구하는 가치가 최선과 책임이라
생각 한다.
나는 일을 끝까지 최선을 다하지 않고
다른 사람에게 떠넘길 때가 있는데
안젤로처럼 책임을 가지고 일을 마무리
해야겠다.

평가(채점) 기준표

성취 기준	[6국 05-06] 작품을 읽고 자신의 삶과 연관 지어 성찰하는 태도를 지닌다.	
평가 요소	인물이 추구하는 가치가 드러나게 인물 소개서 쓰기	
평가 방법	서술평가, 관찰평가	
평가 기준	상	인물의 말과 행동을 통해 인물이 추구하는 가치를 찾고 이를 자신의 삶과 관련지어 인물 소개서를 잘 작성함.
	중	인물이 추구하는 가치를 찾고 이 중 일부를 자신의 삶과 관련지어 인물 소개서를 작성함.
	하	인물이 추구하는 가치를 찾고 자신의 삶과 관련지어 인물 소개서를 작성하는 데 어려움을 겪음.

관련 도서

나는 꼭 의사가 될 거예요	조선 제일 바보의 공부	쌍둥이 빌딩 사이를 걸어간 남자
글: 타냐 리 스톤 그림: 마조리 프라이스먼 정글짐북스(2015)	글: 정희재 그림: 윤봉선 책읽는곰(2013)	글 · 그림: 모디캐이 저스타인 보물창고(2004)
여자는 의사가 될 수 없다는 주변의 편견과 무시를 극복하고 세계 최초의 여자 의사가 된 엘리자베스 블랙웰의 실제 이야기. 인물이 추구한 여러 가지 삶의 가치를 나와 연결지어 볼 수 있다.	하인들도 비웃을 정도로 지독히 머리 나쁜 인물이 책이 닳고 닳을 정도로 공부하여 늦은 나이에 시인이 되어 뜻을 이룬다. 조선시대 시인 김득신의 실제 이야기로 인물의 삶의 태도를 살펴볼 수 있다.	9.11 테러로 지금은 사라진 뉴욕의 명물인 쌍둥이 빌딩 400m 상공에 줄을 매고 묘기를 부린 프랑스 젊은이의 실제 이야기로 인물의 삶의 태도를 살펴볼 수 있다.

수업 후기

아이들 이야기

- 이 그림책은 글 내용도 좋지만 그림이 아주 재미있었다. 실비아가 국수로 묘기 부리는 장면, 실비아가 친구들과 공연을 펼치는 장면, 실비아와 안젤로가 같은 이야기를 나누면서 서로 다른 생각을 하는 장면이 특히 웃기고 재미있다.

- 이 책은 인상적인 장면과 문구가 많았다. 마지막 부분에서 "미장이들은 아무것도 손대지 않았습니다."라는 문구가 특히 인상적이었다.

- 겉으로는 툴툴거리면서 실비아에게 온갖 정성을 다하는 안젤로를 보고 겉으로 보이는 태도와 달리 우리를 많이 생각해 주시는 담임 선생님이 생각났다.

- 실비아의 몸을 온통 붕대로 감고 깁스까지 해 놓은 그림이 과장된 표현이라는 걸 알지만 재미있었다.

선생님 이야기

● 인물이 추구하는 삶의 가치를 파악하는 학습 주제를 위해 교과서에서 제시한 인물을 살펴보면 이순신, 왕가리마타이, 정몽주 등 모두가 위인들이다. 물론 우리가 알아두어야 할 위인들임에는 틀림없으나, 이들은 우리의 삶과는 멀게 느껴지는 것도 사실이다.

우리 주변에서 흔히 볼 수 있는 평범한 인물들도 추구하는 삶의 가치가 있고, 이들의 삶 또한 우리 자신을 되돌아 볼 계기를 마련해 준다는 점에서 그림책 '안젤로'는 의미가 있다.

또한 안젤로의 삶의 태도는 일에 대한 태도, 비둘기 실비아에 대한 태도로 두 가지 관점에서 살펴볼 수 있다는 점에서도 의미가 있다. 다행히 학생들도 이 그림책에서 재미와 감동을 발견하였다.

세밀하면서도 감성이 풍부한 그림 안에 녹아 있는 애틋하면서도 따뜻한 이야기, 그림책 안젤로를 강력 추천한다.

Ⅱ

그림책 활용 도덕 수업

대구감천초 수석교사 여한기

그림책으로 도덕 수업을 하면 뭐가 좋지?

흥미와 몰입을 높여준다.

그림책은 아이들의 눈높이에 맞는 친근하고 재미있는 이야기로 구성되어 있다. 따라서 아이들은 그림책을 읽으면서 도덕적 주제에 자연스럽게 관심을 가지고 몰입하게 된다.

공감과 이해를 키워준다.

그림책에는 다양한 캐릭터와 상황들이 등장한다. 아이들은 그림책을 읽으며 캐릭터들의 감정과 생각을 이해하고 공감하게 된다. 이것은 도덕적 판단을 내리는 데 필요한 공감 능력과 이해력을 발전시키는 데 도움이 된다.

다양한 시각을 갖게 해 준다.

그림책은 단순히 한 가지 도덕적 교훈을 전달하는 것이 아니다. 다양한 캐릭터와 상황을 통해 여러 가지 시각과 관점을 제시한다. 이것은 아이들이 도덕적 문제를 다방면으로 생각하고 이해하는 데 도움이 된다.

나를 친구에게 어떻게 소개하지?

나를 닮은 동물로 내 소개하기

나는요,

글 · 그림: 김희경
여유당(2019)

자신이 누구인지 궁금한 아이가 있다. 그리고 아이는 여러 동물들을 만난다. 사슴은 겁이 많아 작은 일에도 깜짝깜짝 놀란다. 나무늘보는 자신만의 공간에 있을 때 편안하단다. 날치는 처음 도전할 때 항상 온몸이 떨린단다.
아이는 자신이 누구인지 궁금해진다. 자신 안에 너무도 많은 자신이 있다고 느낀다.

나를 잘 아는 것이 마음이 통하는 친구를 사귀는 데 어떤 도움이 될까?

수업 준비

BOOK RECIPE

학기 초, 친구들과 친해지는 시간에 '나는요,' 그림책을 활용해서 자기 소개와 다른 친구를 알아가는 수업을 해보길 권합니다. 개개인은 다양한 모습을 지니고 있으며, 이러한 모습은 각자를 특별하게 만듭니다. 수업을 통해 학생들은 자신과 친구들의 독특한 특성을 발견하고, 서로의 차이를 이해하고 존중하는 방법을 배우게 될 것입니다.

관련 성취 기준

[도덕] 2022 성취 기준	[4도 01-01] 자신의 감정을 소중히 여기며 존중하는 태도를 바탕으로 내가 누구인지를 탐구한다.

수업 활동

읽기 전

질문으로 생각열기

1. 나는 나를 잘 알고 있나요?
2. 나를 친구에게 어떻게 소개하면 좋을까요?

읽기 중

상호 교류 대화하기

1. 나의 모습과 닮은 동물이 있었나요? 왜 그렇게 생각했나요?
2. 나를 잘 아는 것이 마음이 통하는 친구를 만나는 데 어떤 도움이 될까요?

'너도? 나도! 질문'으로 마음이 통하는 친구 찾기

학교명 ______ 학생이름 ______

질문 : 마음이 편안해지는 나만의 장소는?

	너도? 나도!	점수
1		
2		
3		
...		
점수 합계		

1. 선생님과 학생들이 함께 공감할 만한 질문 던지기
2. 학생들은 각자 학습지에 질문에 대한 여덟 가지 답 적기
3. 준비가 되면, 한 명씩 줄발표로 자신의 답 말하기

4. 같은 답을 적은 친구들은 "나도!"라고 말하며 손들기
5. 이때, 답을 말한 친구와 손을 든 친구 모두 1점 얻기
6. 모든 학생이 차례로 답을 말한 후, 어떤 답이 가장 많이 공감을 받았는지 확인하기

BOOK RECIPE

이 활동은 학생들에게 자신과 타인을 더 잘 이해하고 인식하며, 상호 존중과 의사소통 능력을 높이는 중요한 기회를 제공합니다.

읽기 후

| 친구에게 나를 소개하기 |

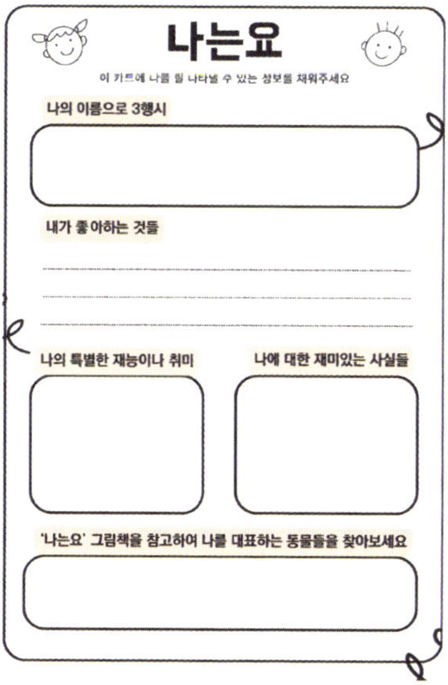

| 나를 대표하는 동물로 나를 소개하기 |

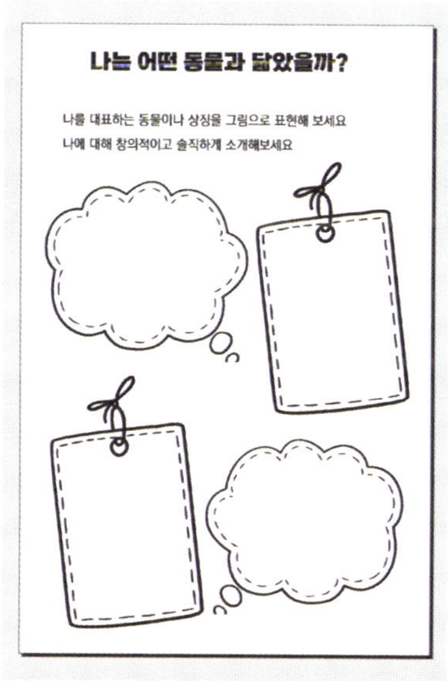

친구에게 나를 소개하기

1. 친구에게 나를 소개할 '나는요' 카드 작성하기
2. 자유롭게 돌아다니며 친구들을 만나 나에 대해 이야기하기
3. 선생님의 신호에 맞추어 또 다른 친구 만나기
   - 동성과 이성 친구 교대로 만나기
   - 최소 여섯 명 이상 만나기
4. 활동 후에, 새롭게 알게 된 친구에 대해 발표하기
5. 활동을 통해 만난 친구와 나의 비슷한 점, 다른 점 등 활동 소감 나누기

나를 대표하는 동물로 나를 소개하기

1. '나는요,' 그림책을 참고하여 나에 대해 창의적이고 솔직하게 소개하기
2. 먼저, 나를 대표하는 동물을 그림으로 표현하기
3. 그림 옆에 동물이 나와 어떤 점이 닮았는지 설명 적기
4. 모든 학생의 카드를 교실 벽에 전시하여 '자기 소개 카드 갤러리' 만들기
5. 자유롭게 갤러리를 돌아다니며, 포스트잇에 이 카드의 주인이 누구인지 이름 적기
6. 카드의 주인이 자신의 카드를 소개하는 발표를 하며, 서로에 대해 알게 된 점을 이야기하기

수업 자료 및 학습 결과

학교명 　　　　 학생이름 　　　　

질문 : 마음이 편안해지는 나만의 장소는?

	너도? 나도!	점수
1	내 방	20
2	공원의 그네	15
3	학교 벤치	15
4	PC 방	10
5	친구 집	5
6	동네 놀이터	12
7	놀이공원	3
8	도서관	3
점수 합계		83

'너도 나도'
공감놀이 방법

나는요

이 카드에 나를 잘 나타낼 수 있는 정보를 채워주세요

나의 이름으로 3행시

김 : 김밥처럼 꽉 찬 우정
철 : 철이 든 날까지 함께 하자고.
수 : 수없이 많은 추억을 만들어 가자!

내가 좋아하는 것들

학교 마치고 친구들과 축구 한판~
만화책 읽기
친구들과 함께 자전거 타며 동네 탐험하기

나의 특별한 재능이나 취미

카드 마술
방과 후 축구 클럽

나에 대한 재미있는 사실들

기네스 기록 도전 - 어느날 집에서 종이접기를 하다가 '세계에서 가장 많은 종이비행기 접는' 기네스 기록에 혼자서 도전하다가 포기한 적이 있다.

'나는요' 그림책을 참고하여 나를 대표하는 동물들을 찾아보세요

돌고래 　 치타 　 늑대

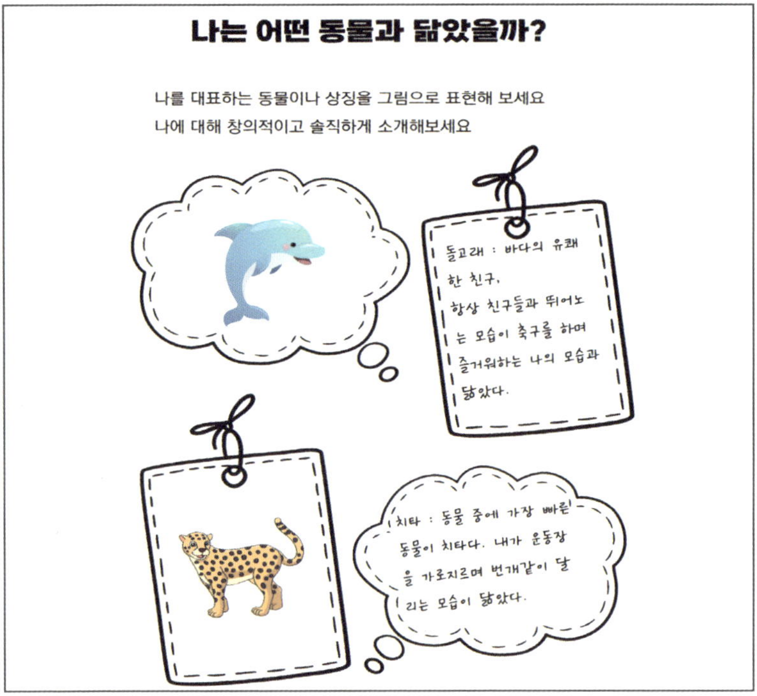

평가(채점) 기준표

성취 기준	[4도 01-01] 자신의 감정을 소중히 여기며 존중하는 태도를 바탕으로 내가 누구인지를 탐구한다.	
평가 요소	자아 탐구와 성찰을 위해 깊이 있게 스스로를 탐색하고 반성하기	
평가 방법	실연, 관찰평가	
평가 기준	상	감정, 선호, 가치 등 자신에 대해 깊이 있게 탐구하고 그 내용을 풍부하게 표현함.
	중	감정, 선호, 가치 등 자신에 대해 탐구하고 그 내용을 표현함.
	하	감정, 선호, 가치 등 자신에 대해 탐구하고 표현한 내용에 부족함이 있음.

관련 도서

이게 정말 나일까?	난 내가 좋아!	나를 봐
글 · 그림: 요시타케 신스케 주니어김영사(2015)	글 · 그림: 낸시 칼슨 보물창고(2007)	글 · 그림: 최민지 창비(2021)
주인공은 숙제와 심부름 등이 귀찮아서 자기를 대신할 로봇을 산다. 그런데 로봇은 자기가 가짜 역할을 하려면 주인이 어떤 사람인지 알려 줘야 한다고 한다. 이 책을 통해 자신을 알고 자신을 친구에게 소개할 수 있다.	주인공 돼지 소녀는 자신을 돌보고 가꾸는 것을 좋아하는데 이는 다른 사람의 기준에 맞추기 위함이 아니다. 자기만의 독특함과 개성을 인식하고 친구의 모습도 존중하는 태도에 대해 이야기 나눌 수 있다.	주인공 아이가 누군가를 알아보고, 그 사람을 매우 좋아하게 되며, 결국에는 우정을 나누게 되는 과정을 담고 있다. 아이들이 겪는 외로움과 관계 맺기의 어려움을 함께 이야기나누며, 우정의 소중함과 타인을 이해하고 인정하는 것의 중요성에 대해 함께 이야기 나눌 수 있다.

수업 후기

아이들 이야기

- '나는요,'를 읽고 나니, 내 감정과 생각에 대해 더 잘 알게 된 것 같아요. 또, 내가 무엇을 좋아하고, 무엇을 두려워하는지 생각해 볼 수 있었어요.

- 수업에서 우리는 그림책에서 자신을 닮은 동물을 그리거나 이야기로 만들어보는 활동을 했어요. 이 활동이 정말 재미있었고, 창의적으로 생각하는 법을 배웠어요.

- '나는요,'를 읽으며 다른 친구들도 나와 비슷한 감정을 느낀다는 걸 알게 되었어요. 수업을 하며 친구들의 감정을 더 잘 이해하게 된 것 같아요.

선생님 이야기

- 학생들이 그림책 속 다양한 '나'의 모습을 통해 자신의 다면성을 발견하고, 자기 자신을 다양한 시각에서 바라보는 기회를 가지게 되었다.

- 수업 활동을 통해 학생들은 자신을 더 깊이 이해하고 존중하는 태도를 갖게 되었다. 자기 자신에 대한 이해를 통해 자신에 대한 긍정적인 인식을 가지게 된다는 것을 확인할 수 있었다.

- 학생들이 자신과 타인을 이해하고 존중하는 능력을 키울 수 있도록 그림책을 활용한 수업을 더 계획하고 실천할 것이다. 이 수업을 하면서 학생들은 자신과 친구들의 독특한 특성을 발견하고, 서로의 차이를 이해하며 존중하는 방법을 배울 수 있다는 것을 발견할 수 있었다.

진정한 친구는 어떻게 행동할까?

친구를 대하는 방법 알아보기

보이지 않는 아이

글: 트루디 루드위그
그림: 패트리스 바톤
책과콩나무(2013)

학교에서 브라이언은 마치 투명인간처럼 취급된다. 교실에서는 목소리가 큰 나단이나 징징대는 소피는 쉽게 눈에 띄지만, 조용하고 말 없는 브라이언은 선생님의 눈에도 잘 띄지 않는다.
쉬는 시간에 발야구팀을 짜도 발야구를 잘하는 아이들과 그 친구의 친구들만 먼저 뽑혀서 브라이언은 항상 혼자만 남곤 한다.
하지만 어느 날, 새로운 친구 저스틴이 전학을 오면서 브라이언의 삶에 예상치 못한 즐거운 일들이 생기기 시작한다.

우리 반에 브라이언과 같은 친구가 있다면, 나는 그 친구를 어떻게 대해야 할까?

수업 준비

BOOK RECIPE

이 그림책의 중심 인물인 브라이언은 학교에서 쉽게 간과되는 아이입니다. 이야기는 학생들 사이에서 흔히 발생하는 소외감과 따돌림 문제를 조명합니다. 이 책을 통해 우리는 브라이언과 같은 상황에 놓인 아이들의 감정을 이해하고, 그들의 경험에 공감하며 서로에 대한 이해를 높일 수 있습니다. 만약 학생들이 브라이언과 비슷한 어려움을 겪고 있다면, 이 수업을 통해 자신의 정체성을 탐색하고, 내면의 성장을 경험해 볼 수 있을 것입니다.

관련 성취 기준

[도덕] 2022 성취 기준	[4도 02-02] 친구 사이의 배려에 대한 올바른 이해를 바탕으로 일상생활에서 배려에 기반을 둔 도덕적 관계를 맺을 수 있는 방안을 탐색한다.

수업 활동

읽기 전

질문으로 이야기 나누기

1. 표지를 보니 이야기가 어떤 주제나 문제를 다룰 것 같나요?
2. 등장인물의 표정이나 배경에서 어떤 감정이나 분위기를 느낄 수 있나요?

읽기 중

상호 교류 질문으로 이야기 나누기

1. 팀을 나눌 때, 브라이언 반에서 쓰는 방법은 공평하다고 생각하나요? 왜 그렇게 생각하나요?
2. 이렇게 팀을 나누는 방식의 좋은 점과 좋지 않은 점은 무엇일까요?
3. 마지막까지 편에 들지 못한 친구는 어떤 기분이었을까요? 그 친구의 마음을 이해한다면 우리는 어떻게 해야 할까요?

치유 질문으로 나의 삶 들여다보기

1. 언제 가장 외로움을 느꼈나요? 그때 누가 어떻게 도와주었더라면 좋았을까요?
2. 친구들과의 관계에서 어려움을 겪었던 적이 있나요? 그 상황을 어떻게 해결했나요? 아니면 해결하고 싶나요?
3. 자신이 경험한 어려움을 다른 친구가 겪고 있다면, 그 친구에게 어떤 조언이나 위로의 말을 해주고 싶나요?

BOOK RECIPE

그림책의 상황을 삶에 적용하기 위해서 세 가지 형태의 질문을 사용할 수 있습니다. 사실 질문으로 그림책의 이야기를 학생들이 잘 알고 있는지 확인할 수 있습니다. 상호 교류 질문으로 학생들이 이야기를 더 깊이 생각하게 하고, 학생과 텍스트, 학생과 학생과의 대화를 촉진시킵니다. 치유 질문으로 학생들이 자신의 경험과 관련지어 보고, 그 경험을 통해 의미를 발견하고 자기 이해를 돕습니다.

읽기 후

미덕으로 칭찬 샤워하기

1. 미덕의 보석을 찾고자 하는 친구는 앞으로 초대되어 친구를 바라보고 의자에 앉기
2. 미덕카드를 보면서 친구가 가진 미덕의 보석으로 칭찬하기
   - 자신이 직접 보거나 겪었던 에피소드를 구체적으로 이야기하기
3. 돌아가면서, '미덕으로 칭찬 샤워하기'를 이어가기
4. 이어서 모둠활동에서는 미덕의 보석 카드 한 세트를 가지고 순서를 정해 돌아가면서 친구가 가진 미덕을 발견하고 칭찬하기

어깨 위에 손을

1. 음악을 들으며 교실 산책 시작하기
2. 음악이 멈추면 선생님이 불러준 질문에 해당하는 친구의 어깨에 손을 올리기
3. 친구 어깨에 손을 얹은 친구들은 차례로 미덕으로 칭찬하기

BOOK RECIPE

학기 말에 학생들이 서로의 마음을 표현하게 하여 친교를 다지는 활동으로 '음악을 들으며 교실 산책' 놀이에 적합한 교사 질문의 예시는 다음과 같습니다.

- 널 항상 웃게 만든 친구는?
- 네가 필요할 때 항상 옆에 있어준 친구는?
- 네가 새로운 것을 배울 때 도움을 준 친구는?
- 네가 어려운 일이 있었을 때 위로를 해 준 친구는?
- 항상 긍정적인 에너지를 가지고 있는 친구는?
- 학기 동안 가장 고마웠던 친구는?

수업 자료 및 학습 결과

미덕의 보석카드

너가 가진 미덕은…

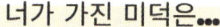

엽서 앞면에 그림을 그립니다.
그런 다음, 친구에게 미덕으로 칭찬하는 편지를 씁니다.

아래 우표를 잘라 올바른 위치에 붙여 넣습니다.

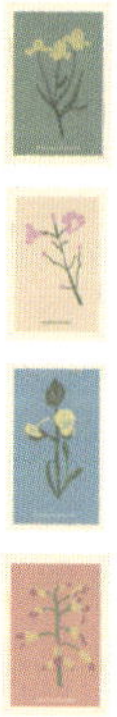

안녕 철수야! 오늘은 너에게 진심으로 감사한 마음을 전하고 싶어 이 편지를 쓰게 되었어.
우선 너의 배려심에 대해 말하고 싶어. 항상 주변 친구들을 살피고, 누구보다 먼저 도움의 손길을 내미는 네 모습은 정말 대단해. 네 덕분에 우리 반은 더 따뜻하고 즐거운 곳이 되었어. 고마워, 철수야~~

평가(채점) 기준표

성취 기준	[4도 02-02] 친구의 소중함을 알고 친구와 사이좋게 지내며 서로의 입장을 이해하고 인정한다.	
평가 요소	친구의 마음에 공감하고 친구와 사이좋게 지내는 방법 실천하기	
평가 방법	실연, 관찰평가	
평가 기준	상	다른 사람의 입장을 존중하고 이해하며 친구를 지원하고 도와줌.
	중	다른 사람의 입장을 이해하려 노력하며 친구와 친밀한 관계를 유지하기 위해 노력함.
	하	다른 사람의 입장을 이해하려 노력하나 자신과 타인의 감정에 대한 인식과 공감이 부족함.

관련 도서

싸워도 우리는 친구	짝꿍	싸움에 관한 위대한 책
글 · 그림: 이자벨 카리에 다림(2016)	글 · 그림: 박정섭 위즈덤하우스(2017)	글: 다비드 칼리 그림: 세르주 블로크 문학동네(2014)
친한 친구도 자신과 생각이 다를 수 있음을 이해하고 친구와의 갈등으로 인한 부정적인 감정을 어떻게 다루어야 할지에 대해 함께 이야기해 볼 수 있다.	작은 오해로 시작된 싸움이 커지고, 나중에 진실을 알았어도 화해하기 어려운 아이들의 모습을 통해 서로 화해할 수 있는 방법들을 함께 이야기해 볼 수 있다.	싸움의 시작과 끝, 싸움의 장점과 단점, 싸움의 의미와 결과 등에 대해 이야기해 볼 수 있다. 그림 속 싸우는 아이들을 보며 아이들은 자신의 모습들을 발견하게 된다.

수업 후기

아이들 이야기

- 브라이언이란 친구가 있어요. 그 친구는 다른 애들 눈에 잘 안 띄고, 선생님도 별로 신경 안 써 주시는 것 같아요. 그래서 그림책에 브라이언이 흑백으로 그려진 것 같아요.

- 저스틴이 전학 와서 불고기 때문에 놀림받을 때, 브라이언이 쪽지를 보내서 도와준 거 진짜 멋있었어요. 브라이언도 왕따였는데, 저스틴한테 먼저 다가가서 친구 해 준 거 보고, 브라이언이 엄청 용감한 친구라고 생각했어요.

- 특별 과제에서 브라이언이 혼자 남겨졌을 때, 저스틴이 같이 하자고 해서 마음이 따뜻해졌어요. 저스틴이랑 같이 있을 때 브라이언이 점점 색깔을 찾아가는 걸 보고, 진짜 좋은 친구가 있으면 누구도 투명 인간은 아니라는 걸 느꼈어요.

- 이 책을 읽고 나니까 나한테도 저스틴처럼 착한 친구가 있는지, 그리고 나도 우리 반에서 혼자된 친구한테 저스틴처럼 잘해줬는지 생각해 보게 됐어요.

선생님 이야기

- 학교에서는 다양한 성격을 가진 아이들이 있다. 몇몇 아이들은 늘 눈에 띄고 친구들과 쉽게 어울리지만, 몇몇은 그렇지 못한 경우도 있다. 이 그림책을 통해 우리 반에서 소외감을 느끼는 아이들에 대한 이해와 공감을 높일 수 있었다. 그 아이들의 상황을 더 잘 이해하고, 그들을 지원할 수 있는 방법을 찾는 기회가 되었다.

- 또한 학생들에게 친구를 사귀는 방법을 가르쳐 줄 수 있었다. 주인공 브라이언이 새로운 친구를 만나면서 자신의 정체성을 찾아가는 과정을 통해, 학생들은 소통과 협력의 중요성을 배우게 되었다. 학생들은 자신과 친구의 차이점을 긍정적으로 받아들이고, 다양성을 존중하는 법을 배우며, 친구 관계를 더욱 풍부하게 만드는 방법을 배울 수 있었다.

내 마음을 어떻게 표현할까?

감정 일기, 감정 낱말 만들기로 내 마음 표현하기

내 마음 ㅅㅅㅎ

글 · 그림: 김지영

사계절(2021)

어느 날, 한 아이의 마음에 낯선 감정이 찾아온다. 평소 가장 좋아하던 아이스크림도 맛이 없고, 모든 것이 무료하게 느껴진다.

자기 마음을 골똘히 들여다보다 일상에서 표현하는 마음의 단어들을 'ㅅㅅㅎ' 글자로 표현하며, 어린이의 얼굴에 글자가 차곡차곡 포개진다.

내 마음을 표현하는 데 어울리는 글자는 무엇일까?

수업 준비

BOOK RECIPE

이 그림책은 초등학생들이 자신의 감정을 인식하고 표현하는 능력을 키우는 데 큰 도움이 됩니다. 학생들은 자신의 감정을 글자로 표현해 보고, 다른 사람의 감정도 글자와 표정을 통해 이해하게 됩니다. 이러한 활동은 아이들의 자기 인식과 타인에 대한 공감 능력을 발달시키는 데 중요한 역할을 합니다.

관련 성취 기준

[도덕] 2022 성취 기준	[4도 01-01] 자신의 감정을 소중히 여기며 존중하는 태도를 바탕으로 내가 누구인지를 탐구한다.

수업 활동

읽기 전

질문으로 이야기 나누기

1. 지금 내 마음을 세 글자로 표현하자면 무엇일까요?
2. 표지를 보니 어떤 이야기일 것 같나요?

읽기 중

상호 교류 질문으로 이야깃거리 찾기

1. 우리가 경험한 상황 중에서, 다른 사람들이 정말로 내 마음을 이해하지 못했던 순간을 떠올려 보세요. 언제였나요? 그 상황을 함께 이야기해 볼까요?
2. 그런 상황에서 어떻게 말하고 행동했나요?

치유 질문으로 나의 삶 들여다보기

1. 주인공은 '내 마음에 무슨 짓을 한거지?'라고 생각하며 방문을 닫고 틀어박혀 자신의 감정에 대해 깊이 생각하게 되는데요. 여러분도 지금 내가 느끼는 감정이 무엇이고, 그 원인이 무엇인지 생각해 본 적이 있나요?
2. 그런 감정을 느끼게 만든 상황이나 사람에게 나는 어떤 반응을 보였나요? 그 반응이 나에게 어떤 영향을 주었나요?
3. 마음이 아플 때, 어떻게 스스로를 위로하나요? 그 방법이 다른 친구들에게도 도움이 될 수 있다고 생각하나요?

BOOK RECIPE

사실 질문은 그림책의 내용을 학생들이 이해하고 있는지 확인하는 '닫힌 질문'입니다. 상호 교류 질문은 그림책으로 학생이 추론, 상상하며 깊은 대화를 나누기 위한 '열린 질문'입니다. 치유 질문은 그림책의 주제를 학생들의 삶과 연결하여 자기 성찰과 개인적 성장을 위한 '열린 질문'입니다.

읽기 후

감정 일기 쓰기

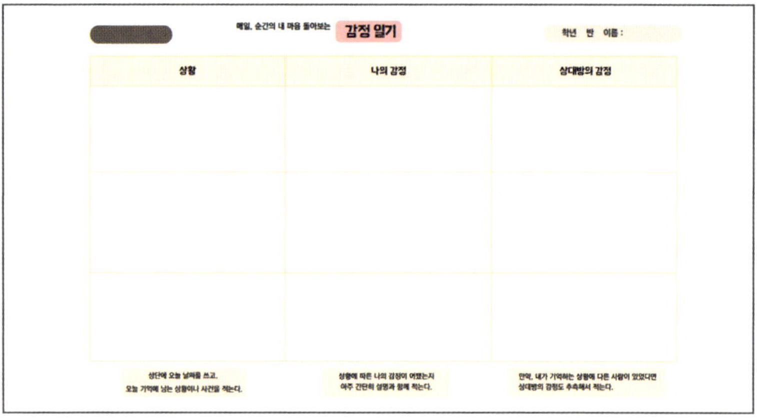

매일, 순간의 내 마음 돌아보는 **감정 일기**

학년 반 이름 :

상황	나의 감정	상대방의 감정
상단에 오늘 날짜를 쓰고. 오늘 기억에 남는 상황이나 사건을 적는다.	상황에 따른 나의 감정이 어땠는지 아주 간단히 설명과 함께 적는다.	만약, 내가 기억하는 상황에 다른 사람이 있었다면 상대방의 감정도 추측해서 적는다.

1. 주기적으로(아침 또는 일주일에 두 번 정도) 시간을 내어 안정된 마음에서 감정 일기를 쓰는 시간을 가지기. 기억에 남는 순간들, 행복했던 순간, 조금 불편했던 일들 등 떠오르는 기억들을 기록해 보기
2. 그 기억 속에서 느꼈던 감정과 지금 느끼는 감정의 온도를 비교해 보기. 그 상황에 다른 사람이 함께 했다면, 그 사람의 마음도 어땠을지 상상해 보기

국어사전에서 내 마음을 표현하는 낱말을 찾아 꾸미기

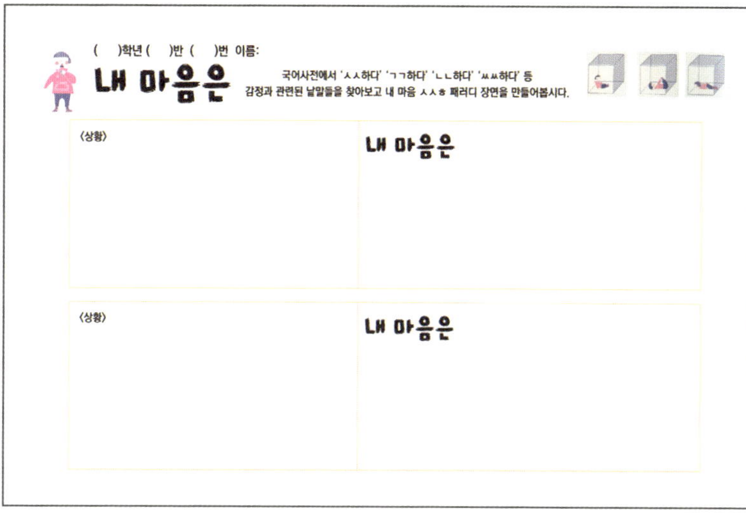

(　　)학년 (　　)반 (　　)번 이름:

내 마음은

국어사전에서 'ㅅㅅ하다' 'ㄱㄱ하다' 'ㄴㄴ하다' 'ㅆㅆ하다' 등
감정과 관련된 낱말들을 찾아보고 내 마음 ㅅㅅㅎ 패러디 장면을 만들어봅시다.

〈상황〉	내 마음은
〈상황〉	내 마음은

1. 국어사전을 활용하여 상황에 따른 내 마음을 표현할 낱말을 찾기
2. 그 마음에 어울리는 상황을 글과 그림으로 표현하기
3. 마음을 표현하는 낱말을 적고, 낱말 뜻에 어울리게 꾸미기

BOOK RECIPE

'자기객관화'는 우리가 자신의 감정을 멀리서 바라보고 이해하는 데 도움을 줍니다. 감정 일기를 쓰면서 우리는 순간의 불편한 감정들을 잠시 제쳐두고, 시간이 지난 후 그 감정들을 현재의 시각으로 다시 들여다보며 자신을 객관화하는 방법을 배울 수 있습니다. 이 과정을 통해 우리는 자신의 마음을 더 깊이 이해하고, 결국 다른 사람들의 마음도 더 잘 헤아릴 수 있게 됩니다.

수업 자료 및 학습 결과

순간의 내 마음 돌아보는 **감정 일기**

학년 반 이름 :

언제	있었던 일	나의 감정	상대방 -( )의 감정
4월 15일	쉬는 시간에 축구 놀이	행복하고 신나다	친구들도 행복하고 에너지 넘쳐 보였다

언제	있었던 일	나의 감정	상대방 -( )의 감정
4월 20일	친구와 축구할 때 의견 충돌	화가 나고 서운함	친구도 화가 난 것 같고, 당황해하는 듯함
일이 일어난 날짜와 시간대(오전 / 오후 / 저녁 등)	그 날 기억에 남는 일이나 사건을 적는다.	그 일에 따른 나의 감정이 어땠는지 아주 간단히 설명과 함께 적는다.	만약, 내가 기억하는 일에 다른 사람이 있었다면 상대방의 감정도 추측해서 적는다.

( )학년 ( )반 ( )번 이름:

내 마음은

국어사전에서 'ㅅㅅ하다' 'ㄱㄱ하다' 'ㄴㄴ하다' 'ㅆㅆ하다' 등
감정과 관련된 낱말들을 찾아보고 내 마음 ㅅㅅㅎ 패러디 장면을 만들어봅시다.

예시

우리 가족이 나 없는 사이,
치킨을 시켜 먹었어.

내 마음은

섭섭해

〈상황〉

학교에서
나의 수학점수를 보고는

내 마음은

실망해

평가(채점) 기준표

성취 기준	[4도 01-01] 자신의 감정을 소중히 여기며 존중하는 태도를 바탕으로 내가 누구인지를 탐구한다.	
평가 요소	자신의 감정과 욕구를 이해하고 적절하게 표현하기	
평가 방법	실연, 관찰평가	
평가 기준	상	대상과 상황에 따라 자신의 감정과 욕구를 잘 이해하고 있으며 이를 적절하고 효과적으로 표현함.
	중	대상과 상황에 따라 자신의 감정과 욕구를 이해하고 대체로 적절하게 표현함.
	하	대상과 상황에 따라 자신의 감정과 욕구를 이해하나 적절히 표현하는 것을 어려워함.

관련 도서

오늘 마음 어때?	나는 가끔 화가 나요!	네 기분은 어떤 색깔이니?
글: 윤다옥 그림: 정문주 한겨레아이들(2019)	글 · 그림: 칼레 스텐벡 머스트비(2020)	글 · 그림: 최숙희 책읽는곰(2023)
아이들이 기쁨, 슬픔, 분노, 두려움과 같은 기본 감정을 어떤 상황에서 느끼는지 보여준다. 감정 표현의 중요성과 감정 관련 언어 사용법을 익히는 데 도움이 될 것이다.	주인공 아이가 마구 화를 내는 모습을 보면 표정이 생생하게 살아 있어 마치 내가 화를 낸 것처럼 속이 후련해진다. 화가 날 때의 감정을 인정하고 적절히 표현하는 법을 배울 수 있다.	일상에서 느끼는 기분을 색깔에 빗대어 표현한다. 자신의 기분을 다양한 색으로 표현하면서 자신의 감정을 알아차리고 표현하도록 도울 수 있다.

수업 후기

아이들 이야기

- '내 마음 ㅅㅅㅎ' 책은, 우리가 매일 느끼는 감정들을 'ㅅㅅㅎ'라는 재미있는 글자로 보여줘. 나도 책을 읽으면서 내 마음을 깊게 들여다보게 되고, 그 글자들이 마치 내 얼굴과 표정 같아서 신기했어.

- 사전을 뒤져보니까, 우리 마음을 나타내는 말이 정말 많더라고. 이 책을 읽고 나니까 그 말들이 다 내 마음 같아서 신기했어.

선생님 이야기

- '내 마음 ㅅㅅㅎ' 그림책을 수업에 사용한 후 아이들이 자신의 감정을 이해하고 표현하는 방법에 대해 더 많이 배운 것 같다. 처음에는 말로 자신의 감정을 설명하기를 주저하던 학생들도 이제는 자신의 마음을 색깔과 형태로 표현하며, 자신의 감정을 더 자유롭게 표현하게 되었다.

- 이 그림책을 통해 감정 교육의 중요성을 다시 한번 깨달았다. 아이들이 자신의 마음을 '쑥쑥' 자라나는 것으로 비유하면서, 부정적인 감정이 들었을 때 그것을 긍정적으로 바꾸는 방법을 배웠다. 수업 후 학생들은 서로의 감정을 더 존중하고 이해하는 모습을 보여주었다.

- '내 마음 ㅅㅅㅎ'를 수업에 도입한 이후, 아이들 사이의 소통이 더욱 활발해졌다. 학생들이 서로의 마음을 '쑥쑥' 자라게 하는 말을 고민하고, 감정을 공유하는 활동을 통해 공감 능력이 향상되었다. 아이들이 자기 감정뿐 아니라 친구들의 감정에도 귀 기울이며 성장하는 모습에 큰 보람을 느낀다.

나는 왜 화가 날까?

자신의 감정을 이해하고 사회적 기술 익히기

앵거게임

글: 조시온
그림: 임미란
씨드북(2020)

서해는 동생, 엄마, 친구들 때문에 화가 나는 날들을 종종 경험한다. 그런 서해가 우연히 발견한 '앵거게임'은 서해의 속상함과 답답함을 '화'라는 감정으로 표출하게 만든다.
'앵거게임'을 통해 일시적으로 홀가분함을 느끼기도 하지만, 이것이 예상치 못한 새로운 문제를 야기한다.

과연, '화'는 우리에게 필요 없는 부정적인 감정일까?
'화'가 나는 것과 화를 내는 것 사이에는 어떤 차이가 있을까?
서해는 앵거게임 앱을 통해 '화'라는 감정을 어떻게 이해하고 수용하게 될까?

수업 준비

BOOK RECIPE

화가 날 때 자신의 감정을 인식하고 그 감정의 원인과 감정을 표출한 결과에 대해 생각해 보는 기회를 가지는 것이 중요합니다. 이를 통해 자신의 감정과 행동에 대해 이해하고 감정을 적절하고 건설적인 방식으로 표현할 수 있습니다. 이 그림책은 '화'라는 감정을 건강하게 표현하는 방법을 알려주고, 그 감정을 긍정적으로 바라보도록 돕습니다.

관련 성취 기준

[도덕] 2022 성취 기준	[4도 01-01] 자신의 감정을 소중히 여기며 존중하는 태도를 바탕으로 내가 누구인가를 탐구한다.

수업 활동

읽기 전

주제와 연관된 감정 경험 공감하기

1. 그림책 표지를 보며 어떤 내용일지 상상해 보기
2. 분노와 같은 강한 감정을 겪었던 경험 이야기하기
3. 학생들이 자신의 감정을 인식하고 표현하는 방법에 대해 이야기 나누기

읽기 중

상호 교류 대화하기

1. 서해는 앵거게임 버튼을 눌러 화의 에너지를 발산한 이후에 어떤 감정을 느꼈을까요?
2. 서해가 버튼을 눌렀을 때, 상대방은 어떤 기분이 들었을까요?

즉흥 상황극 놀이로 도덕적 갈등 경험하기

1. 그림책의 특정 장면(도덕적 딜레마나 갈등, 중요한 결정 등)을 선택하기
2. 자신이 선택한 캐릭터에 어울리는 말(대사)과 행동을 구상하기
3. 즉흥 상황극 놀이하기

BOOK RECIPE

도덕 수업에서 역할극과 상황극을 활용하면 학생들은 공감 능력과 비판적 사고를 키우며, 복잡한 도덕적 문제를 심도 깊게 탐구하는 동시에 사회적 상호작용 기술과 갈등 해결 능력을 개발할 수 있습니다. 이러한 활동은 도덕적 가치의 내면화와 윤리적 리더십 능력을 함양하는 데도 중요한 역할을 하여 학생들이 책임감 있는 사회 구성원으로 성장하는 데 기여합니다.

읽기 후

'너도 나도 공감 대화'로 감정을 느끼는 순간 인식하기

1. 내 마음이 언제 불편해 지는지, 그때의 감정은 어떤지 생각해 보기
2. 그때의 감정에 해당하는 감정 단어 찾기
3. 1~2에서 생각한 내용에 대해 짝과 대화 나누기
4. 학급 전체에서 한 명씩 돌아가며 '내 마음이 불편해 지는 순간'에 대해 이야기하기
5. 친구 이야기에 공감하는 친구는 '나도!'라고 하며 손들기
6. 공감하며 손을 든 친구의 수만큼 공감 점수 얻기

나를 불편하게 만드는 감정의 버튼 찾기

1. 마음챙김 명상을 하며, 나를 불편하게 만드는 경험, 기억들을 떠올려 보기
2. 불편한 감정을 일으킨 원인과 그때의 마음을 떠올려 보기
3. 내가 느낀 불편한 감정에 해당하는 감정 단어 찾기
4. 협력, 공감 대화로 친구들과 감정버튼을 누르지 않게 만들 해결책 찾기

마음챙김	감정버튼
마음챙김(sati, mindfulness)은, 자신의 경험을 있는 그대로 바라보는 특수한 형태의 주의이다. 즉 객관적 관찰이며 경험에 대한 관찰이다. * 출처: 마음챙김 긍정심리 훈련 워크북 /김정호/불광출판사	감정버튼은, 감정을 조절하거나 특정 감정을 활성화하는 데 사용되는 비유적인 표현이다. 특정 상황이나 말, 행동 등이 사람의 감정을 쉽게 자극하거나 변화시킬 수 있는 감정의 버튼이 될 수 있다.

BOOK RECIPE

마음챙김 명상은 감정이 많이 올라올 때 천천히 깊게 숨을 쉬는 것입니다. 이 명상은 마음을 차분하게 하고 편안하게 만드는 데 도움이 됩니다. 매일 이런 식으로 호흡 연습을 하면 아이들이 자기 감정을 알아차리고 조절하는 법을 배울 수 있습니다.

수업 자료 및 학습 결과

나의 감정의 버튼 찾기

감정의 버튼 찾기	
현재(날짜와 시간)	
나의 마음 들여다보기	
지금 나는~ (기분을 한 단어로 표현한다면?	
당시 상황에서의 '나' 바라보기(당시 시점)	
무슨 일이 있었나?	
언제	
어디서	
누구(누구와)	
무슨 일	
그때 나의 행동	
그때 나의 기분	
현재 상황에서 당시의 '나' 바라보기(현재 시점)	
왜 그런 기분이 들었던 걸까? (감정의 버튼 찾기)	
그때 이렇게 할 걸...	
내가 조절해야 할 감정은?	
이번 일로 깨달은 점 & 앞으로 주의할 점	
이번 일을 통해 깨달은 점	
내가 앞으로 주목해야 할 감정은?	
다시 같은 상황으로 돌아간다면, 난 이렇게 행동할거다	

학습지에 적어봅시다.

버튼 1 언니가 아침에 화장실에서 씻느라 아주 오랫동안 안 나와요.

버튼 2 엄마가 학교에 늦게 데리러 와요.

버튼 3 숙제가 어려워요.

이번에는 나의 감정 버튼을 누르지 않게 만들 해결책을 생각해 봅시다.

해결책 1 저녁에 미리 샤워를 해 두는 어때? 그럼 아침에 서두를 필요가 없잖아.

해결책 2 엄마가 늦을 때를 대비해서 읽을 만한 책을 미리 가방 안에 넣어두는 건 어때?

해결책 3 선생님이나 부모님께 도움을 요청해봐.

평가(채점) 기준표

성취 기준	[4도 01-01] 자신의 감정을 소중히 여기며 존중하는 태도를 바탕으로 내가 누구인가를 탐구한다.	
평가 요소	자신의 감정과 욕구를 이해하고 적절하게 표현하기	
평가 방법	실연, 관찰평가	
평가 기준	상	대상과 상황에 따라 자신의 감정과 욕구를 잘 이해하고 있으며 이를 적절하고 효과적으로 표현함.
	중	대상과 상황에 따라 자신의 감정과 욕구를 이해하고 대체로 적절하게 표현함.
	하	대상과 상황에 따라 자신의 감정과 욕구를 이해하나 적절히 표현하는 것을 어려워함.

관련 도서

새빨간 질투	이 선을 넘지 말아 줄래?	슬픔에 빠진 나를 위해 뚝! 뚝! 뚝!
글: 조시온 그림: 이소영 노란상상(2023)	글 · 그림: 백혜영 한울림어린이(2022)	글 · 그림: 조미자 핑거(2023)
빨강이 파랑을 향한 질투심에 사로잡혀 못된 짓을 꾸미다가 결국 벌을 받게 된다. 질투라는 감정에 대한 이해를 돕고, 이를 어떻게 다루어야 할지 이야기할 수 있다	사람 간 관계에서 보이지 않는 선에 대한 이야기를 담고 있다. 이 책을 활용하여 학생들이 서로의 선을 존중하며 공동체 생활을 할 수 있는 방법에 대해 토의할 수 있다.	혼자서 불안해하는 아이가 누군가 찾아와서 함께 식사를 하며 행복한 상상을 하는 이야기이다. 다른 사람들과 함께하는 소중함과 공감하는 마음을 이해하고 표현할 수 있다.

수업 후기

아이들 이야기

- ‘앵거게임’으로 한 그림책 수업은 정말 재미있었어요! ‘화’라는 감정에 대해 조금은 이해하게 되었어요.

- 이 수업을 통해 감정을 어떻게 표현해야 하는지 배웠어요. 그림책에 나오는 캐릭터들이 화를 내는 상황을 보면서 나도 비슷한 상황이 있었는데 그때 이렇게 할 걸 이런 생각을 하게 되었어요

- 친구들과 함께 그림책 속 이야기로 토론하고, 서로 어떻게 느꼈는지 얘기해 보니 더 많은 것을 배울 수 있었어요. 다음 수업이 기대돼요.

선생님 이야기

- '앵거게임' 그림책은 학생들이 화를 느끼는 순간들을 재미있는 그림과 에피소드로 풀어내어 학생들이 삶 속에서 자신의 모습을 깊이 공감하며 이야기 나눌 수 있는 훌륭한 수업 자료로 활용되었다. 이 그림책 수업으로 실생활과의 연결을 통한 학습 경험을 제공하여 학생들이 수업에 적극 참여하게 만들었으며, 이로 인해 수업 대화가 더욱 깊어지는 모습을 여러 차례 발견할 수 있었다.

- 그림책 활용 도덕 수업은 단순한 도덕적 이야기를 전달하는 것을 넘어서, 학생들에게 자신의 감정을 인식하고 표현하는 방법을 탐색할 수 있는 기회를 제공하였다. 이런 경험은 나에게 그림책이 가진 교육적 가치와 가능성을 확인시켜 주었다.

다른 사람의 마음을 어떻게 이해할 수 있을까?

‘역지사지(易地思之)’로 상대의 마음 알아보기

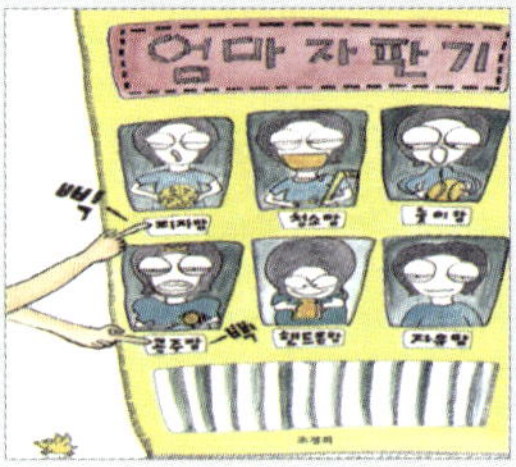

엄마 자판기

글 · 그림: 조경희
노란돼지(2019)

아이는 엄마가 늘 집에 있었으면 하고 바란다. 쉬는 날이면 엄마와 놀이공원도 가고 싶어한다. 하지만 엄마는 바빠서 놀이공원을 가기로 한 약속을 지키지 못하고, 핸드폰만 한다고 아이를 혼낸다. 아이는 엄마가 너무 미워서 엄마가 없어졌으면 좋겠다고 말한다. 그리고 다음 날, 아이가 일어나 보니 엄마가 보이지 않고, 엄마 방에 엄마 자판기가 놓여 있다.

아이와 엄마는 어떻게 서로의 마음을 이해하고 화해할 수 있을까?

수업 준비

BOOK RECIPE

학생들은 이야기 속 '엄마 자판기'라는 가상의 기계를 통해 엄마와 함께할 수 있는 다양한 활동을 상상해 보는 것만으로도 잠시나마 외로움을 위로받게 됩니다. 이 그림책 수업은 가정 내에서의 엄마의 역할을 탐색해 보고, 엄마의 입장에서 생각함으로써 서로를 이해하는 데 도움이 될 것입니다.

관련 성취 기준

[도덕] 2022 성취 기준	[4도 02-01] 효, 우애의 의미와 필요성을 명료하게 이해하고 가족의 행복을 위해 할 수 있는 일을 탐색하여 실천 계획을 세운다.

수업 활동

읽기 전

표지를 보며 이야기 나누기

1. 표지 그림을 보니 어떤 점이 궁금하나요?
2. 엄마 자판기가 있다면, 어떤 일들이 일어날까요?

읽기 중

사실 질문, 상호 교류 질문으로 내용 이해하기

사실 질문 예

1. 주인공의 요구, 바람, 기대는 무엇인가요?
2. 엄마의 요구, 바람, 기대는 무엇인가요?
3. 등장인물들에게 중요한 문제나 갈등은 무엇인가요?

상호 교류 질문 예

1. 주인공은 어떤 감정을 느꼈을까요?
2. 주인공은 왜 엄마가 사라졌으면 좋겠다고 생각했을까요?

치유 질문으로 나의 삶 들여다보기

1. 여러분은 주인공과 비슷한 경험을 한 적이 있었나요?
2. 주인공의 마음에 공감할 수 있나요? 어떻게 해서 공감을 할 수 있었나요?
3. 여러분은 가족 간에 갈등이 생기면 어떻게 해결할 건가요? 이 이야기에서 무엇을 깨달았나요?

BOOK RECIPE

교사 질문은 학생들의 사고력과 창의력을 향상시키고 감정적인 공감과 소통을 도울 수 있습니다. 학생들에게 삶의 문제에 관심을 가지게 만들고 그 문제를 해결하는 데 유용합니다. 읽기 중 활동에서는 앞 장에서 이미 활용하고 설명했던 사실 질문, 상호 교류 질문, 치유 질문 전략을 사용하였습니다.

읽기 후

역지사지 대화 놀이하기

1. 두 명이 짝을 지어 가족 간에 일어날 수 있는 갈등 상황에 대해 이야기 나누기
2. 나눈 이야기 중에서 역지사지 대화를 나눌 갈등 장면과 역할 정하기
3. 정한 역할에 따라 역지사지 대화 놀이하기
4. 일정한 시간이 지난 후, 역할을 바꾸어 역지사지 대화 놀이하기

상황극 놀이하기

1. 역지사지 대화 놀이 상황 설정하기
2. 상황극으로 초대받은 친구는 교실 앞에 마련된 자리에 앉기
3. 초대받은 친구는 짝과 나누었던 역지사지 대화 내용을 학급 전체와 공유하고, 그중에 어떤 장면을 재연할지 결정하기
4. 상황극을 함께 할 친구를 정하고, 그 친구 역시 교실 앞에 마련된 자리에 앉기
5. 앞에 나온 두 명의 학생이 역할에 따라 상황극 놀이하기

질문으로 공감 대화 나누기

1. 상황극 놀이에서 친구의 바람, 기대는 무엇이었나요?
2. 상황극 놀이에서 부모님의 바람, 기대는 무엇이었나요?
3. 상황극에 참여한 친구에게 여러분은 어떤 말을 해주고 싶나요?

BOOK RECIPE

역지사지 대화 놀이는 자녀와 부모의 역할을 둘 다 경험하게 하는 대화 놀이로써, 자신의 입장과 다른 사람의 입장을 이해하고 공감할 수 있는 기회를 제공합니다. 역할극 상대로 초대받은 친구가 친구의 상황에 맞는 적절한 대사와 행동으로 즉흥극을 할 수 있도록 상황에 대한 이해가 충분히 이루어져야 합니다.

수업 자료 및 학습 결과

역지사지 대화놀이

역할	대사	마음 알아차리기: 바라는 것, 기대, 요구 / 그 때 느끼는 감정
예시 	핸드폰 그만 봐. 숙제는 했니?	엄마가 기대하고 바라는 것은 내가 해야 할 일(숙제)을 먼저 하기를 바라고 있다. 나의 모습을 보고, 엄마는 답답했을 것이다.
	장난감 사 주세요	아빠가 기대하는 것은 "딸이 장난감을 갖고 싶어하는 것은 이해하지만 딸에게 필요한 것과 우리집 경제적 상황을 고려했으면 해" 아빠 입장을 이해하고 보니 내가 갖고 싶은 것. 원하는 것이 있다고 다 가질 수는 없어.
	엄마의 화난 목소리가 무서워요	엄마가 화내는 것을 들으면서, 딸은 엄마의 사랑을 느끼고 싶어해 이 상황에서 나는 딸의 두려움과 불안을 이해하며, 딸이 사랑받고 있다는 것을 느낄 수 있도록 친절하게 말하도록 해야겠어.
	날 놀리는 친구가 얄미워요	친구가 날 놀리는 건 나를 무시하고 존중하지 않는다고 느낄 수 있어. 이 상황에서 나는 화가 나고 상처받고 있다는 것을 친구에게 전하고 친구에게 내 감정이 중요하다는 것을 알리고 싶어

이름 : ______________________

(   )네 가족 자판기

가족과 함께 해 보고 싶은 것이 있나요? 우리 가족 자판기를 만들어 봅시다.

놀아주는 아빠

함께 요리하는 가족

주말을 함께 보내는 가족

축구 함께 하는 아빠

평가(채점) 기준표

성취 기준	[4도 02-01] 효, 우애의 의미와 필요성을 명료하게 이해하고 가족의 행복을 위해 할 수 있는 일을 탐색하여 실천 계획을 세운다.	
평가 요소	가족 구성원의 역할과 중요성을 이해하고 서로의 입장 공감하기	
평가 방법	실연, 관찰평가	
평가 기준	상	가족 구성원 각자의 역할과 중요성을 정확하고 깊이 있게 이해하며 이를 자신의 경험과 연결하여 구체적으로 설명함.
	중	가족 구성원의 역할을 이해하고 자신의 경험과 연결 지어 설명함.
	하	가족 구성원의 역할에 대한 기본적인 이해는 하고 있지만 그 중요성과 구체적인 내용에 대한 이해가 부족함.

관련 도서

아빠 자판기	고함쟁이 엄마	내 옆의 아빠
글 · 그림: 조경희 노란돼지(2021)	글 · 그림: 유타 바우어 비룡소(2005)	글 · 그림: 수쉬 주니어김영사(2018)
아이는 아빠와 놀고 싶어 하지만 아빠는 바쁘다는 핑계로 놀아주지 않는다. '엄마 자판기'에 이은 '아빠 자판기'라는 창의적인 기계를 통해 아이들은 원하는 아빠의 모습을 재미있게 표현해 볼 수 있다.	고함치는 엄마로 인해 아이의 마음이 산산조각 난다. 아이를 몰아세우고 고함치는 엄마의 모습을 통해 서로의 입장을 이해하고 마음을 솔직하게 표현하는 것의 중요성에 대해 이야기 나눌 수 있다.	아버지와 아이가 함께 인형극을 보고, 훌라후프를 하며, 책을 읽고, 아이의 키를 재는 등의 일상적인 활동을 통해 관계가 깊어지는 모습을 보여준다. 가족의 사랑에 대해 이야기 나눌 수 있다.

수업 후기

아이들 이야기

- 엄마가 자판기에서 나와서 너무 웃겼어요. 저희 엄마도 그림책 속 엄마처럼 됐으면 좋겠어요. 그래서 이 책을 엄마도 꼭 읽었으면 해요.

- 엄마가 나오는 자판기라니, 정말 신기해요. 엄마가 가끔 화를 내실 때, 나도 주인공 신우처럼 엄마를 원망한 적이 있어요. 그런데 이 그림책을 보니까, 엄마도 힘들게 우리를 키우시는구나 싶어요. 우리가 바라는 것처럼 엄마도 바람이 있을 거예요. 이 책을 읽고 나니 엄마 마음을 좀 더 이해할 수 있게 된 것 같아요. 나도 신우처럼 내 마음만 알아주셨으면 했는데, 그게 좀 이기적이었나 싶어 반성했어요.

- '엄마 자판기' 이야기가 정말 재밌었어요. '아빠 자판기'라는 그림책도 있다던데, 그 내용이 정말 궁금해요.

선생님 이야기

- 오늘 도덕 수업에서 '엄마 자판기'를 읽고 아이들과 함께 부모님의 힘든 점을 이야기하는 시간을 가졌다. 학생들이 부모님의 바쁜 일상 속에서도 가족을 위해 노력하는 모습에 대해 이야기하며 감정이입하는 모습이 보기 좋았다.

- 또한, 아이들이 엄마의 입장을 이해하는 방법에 대해 많이 생각하게 된 것 같다. 수업 중에 아이들이 자기 마음을 어떻게 전달하면 좋을지 서로 이야기를 나누는 모습이 인상 깊었다. 이 수업을 통해 아이들이 가족 간의 소통의 중요성을 배웠으면 좋겠다.

나는 어떤 삶을 살아갈까?

나의 삶의 가치와 방향성 찾기

슈퍼거북

글 · 그림: 유설화
책읽는곰(2018)

‘슈퍼거북’은, 이솝우화의 토끼와 거북이의 달리기 시합 이후의 이야기를 다룬 그림책이다. 이 이야기에서 거북이는 토끼를 이긴 후, 동물 마을에서 스타가 되고, 정말로 빠른 거북이가 되기 위해 필사적으로 노력한다. 그러나 노력하는 과정에서 거북이는 점점 야위고 초췌해지며, 걱정과 근심으로 잠을 이루지 못하게 된다.

이전과는 다른 일상을 살아가게 된 슈퍼거북은 과연 행복한 삶을 살고 있는 걸까?

수업 준비

BOOK RECIPE

이 책은 기존의 거북이와 토끼의 경주 이야기를 새롭게 해석하고 변형하여 아이들에게 더 친근하게 다가가도록 구성되어 있습니다. 예상치 못한 스토리와 결말을 제시함으로써 아이들의 창의력을 자극할 수 있습니다. 또한 학생들이 도덕적 문제상황을 자신의 일상생활과 연결 지어 삶에서 어떤 가치에 중점을 둘지 토론해 볼 수 있습니다.

관련 성취 기준

[도덕] 2022 성취 기준	[6도 01-01] 자주적인 삶에 대한 이해를 바탕으로 자신의 생활에 반영하여 실천하고 주체적인 삶의 태도를 기른다.

수업 활동

읽기 전

표지 보며 이야기 상상해 보기

1. 그림책 표지를 보며 어떤 내용일지 상상해 볼까요?
2. 이솝우화 '토끼와 거북이'의 결말을 떠올려 봅시다. 토끼를 이긴 거북이에게 어떤 일들이 일어날까요?

읽기 중

상호 교류 질문하기

1. '슈퍼거북'이라 불리며 벼락스타가 된 꾸물이는 왜 빨라지려고 결심했을까요?
2. 예전의 느리게 살았던 자신의 모습으로 살아야 할지, 빠른 슈퍼거북으로 살아야 할지 고민하고 있는 꾸물이에게 여러분은 어떤 말을 해 주고 싶나요?

역지사지 도덕적 대화 나누기

1. 짝과 의논하여 여우와 코끼리로 역할 나누어 맡기
2. 맡은 역할의 입장에 따라 역지사지 논쟁 토론하기
3. 일정 시간이 지난 후 역할을 바꾸어 같은 주제로 이야기 나누기

꾸물이에게 어떤 말을 해 주고 싶나요?

"슈퍼거북이 되기 위해 했던
노력들이 아깝잖아.
계속 슈퍼거북으로 살아야 해."

"힘들면 예전의 느리게 살았던
꾸물이로 돌아와도 돼."

BOOK RECIPE

역지사지 도덕적 대화는 개인들이 서로 다른 관점이나 입장에서 상호 대화를 통해 상대방의 생각과 감정을 이해하고, 도덕적 문제 상황에 대해 논의하는 활동입니다. 이 방법은 도덕적 생각과 이해를 촉진하고 개인들 간의 공감과 상호 이해를 증진시키는 데 도움이 됩니다.

읽기 후

뒷이야기 상상하기

1. 꾸물이가 예전으로 돌아갈 것인지, 앞으로도 계속 슈퍼거북으로 살아갈 것인지 고민한 이후의 이야기를 상상하기
2. 상상을 바탕으로 뒷이야기 꾸미기
3. 뒷이야기를 글, 그림 등 다양한 방법으로 표현하기
4. 3번을 온라인 클래스에 공유하고 친구들과 피드백 주고받기

즉흥 역할극으로 도덕적 대화 나누기

꾸물아! 내 이야기 좀 들어봐!

1. 꾸물이 역할을 맡을 친구를 교실 앞으로 초대하기
2. 코끼리, 여우 역할을 할 친구 정하기
3. 코끼리와 여우 역할을 맡은 친구들은 꾸물이의 양 옆에 서서 번갈아 가며 꾸물이를 설득하는 말하기
   - 코끼리는 느리고 천천히 살았던 예전 꾸물이의 모습으로 돌아가도록 설득하기
   - 여우는 지금처럼 앞으로도 계속 슈퍼거북의 모습으로 살아가도록 설득하기
4. 코끼리와 여우 역할을 하는 친구 사이에 앉아서 이야기를 충분히 들은 꾸물이는 마지막에는 모든 친구들에게 자신의 입장을 밝히고 자신이 선택한 입장의 이유를 밝히기

BOOK RECIPE

이 활동은 즉흥극을 통해 도덕적 탐구와 상황에 대한 다양한 입장과 시각을 이해하도록 돕습니다. 학생들은 서로 다른 역할을 맡아 도덕적 대화를 나누고, 자신이라면 어떻게 할지 생각하게 합니다. 이는 도덕적 사고력을 발전시키고, 다양한 시각을 이해하며 협력과 상호작용의 중요성을 배우는 데 도움이 될 것입니다.

수업 자료 및 학습 결과

뒷이야기

역지사지 대화 후

슈퍼거북의 뒷이야기를 만들어 봅시다.

슈퍼거북으로 살아야 해 왜냐하면....

예시1

꾸물이는 처음엔 모두가 자신을 부러워하고 존경하는 것을 좋아했어요. 하지만 시간이 지나면서, 빠르게 달리고 높이 날아오르는 것만이 전부는 아니라는 걸 깨달았죠. 진짜 중요한 것은 친구들과의 우정, 가족과 함께하는 시간, 그리고 자기 자신이 정말로 좋아하는 일을 하는 것이었어요. 그래서 결국 꾸물이는 슈퍼거북으로서의 능력을 사용하여 다른 이들을 돕기로 했어요. 빠르게 달리는 대신, 친구들이 위험할 때 그들을 구하고, 자신의 재능을 사용하여 새로운 게임을 만들어 친구들과 함께 즐기기로 한 거예요. 꾸물이는 이제 슈퍼거북으로서의 자신만의 길을 찾았고, 모두에게 사랑받는 진정한 영웅이 되었답니다

예전의 꾸물이로 돌아와줘.

예시2

슈퍼거북 꾸물이는 코끼리의 조언을 듣고 깊이 고민했어요. 그는 슈퍼 힘을 가지고 있었지만, 빠르기만 한 삶이 자신을 진정으로 행복하게 만들지 않는다는 것을 깨달았죠. 꾸물이는 자신이 진정 좋아하는 일에 더 집중하기 시작했어요. 그는 숲 속 친구들과 더 많은 시간을 보내고, 함께 놀이를 만들며 서로의 이야기를 듣는 데 시간을 할애했죠. 슈퍼 힘은 여전히 중요했지만, 꾸물이는 그것을 사람들을 돕고, 숲을 아름답게 가꾸는 데 사용하기로 했어요. 이렇게 꾸물이는 자신의 속도로 살면서도 다른 이들에게 의미 있는 영향을 끼칠 수 있었답니다.

역지사지 토론주제

슈퍼거북 꾸물이는 어떻게 살아야 할까?

이유와 근거를 들어 꾸물이를 설득해 봅시다.

슈퍼거북으로 살아야 해. 왜냐하면....

"슈퍼거북으로서 네가 가진 놀라운 능력은 너를 빠르게 목표에 도달하게 할 거야. 이런 능력을 가지고 있을 때 그것을 최대한 활용하지 않는다면, 네 잠재력을 낭비하는 거라고 생각해. 너는 슈퍼거북으로서 더 많은 성취를 이루고, 모두에게 영감을 줄 수 있는 기회를 가지고 있어."

예전의 꾸물이로 돌아와줘.

"꾸물이야, 진짜 중요한 것은 내면의 평화와 진정으로 원하는 삶을 살아가는 거야. 슈퍼거북이 되는 것도 멋지지만, 네가 행복을 느끼는 방식으로 살아가는 것이 가장 중요해. 서두르지 않고 네 자신의 속도로 세상을 경험하는 것이 네가 진정으로 가치 있게 여기는 삶을 살아가는 길이야."

나의 최종 선택과 그렇게 생각한 까닭은?

평가(채점) 기준표

성취 기준	[6도 01-01] 자주적인 삶에 대한 이해를 바탕으로 자신의 생활에 반영하여 실천하고 주체적인 삶의 태도를 기른다.	
평가 요소	자주적인 삶에 대한 이해를 바탕으로 일상생활에서 주체적 행동 실천하기	
평가 방법	실연, 관찰평가	
평가 기준	상	자신의 일상에서 자주적인 태도를 적극적으로 실천하며 이를 통해 명확한 목표 달성과 책임감 있는 행동을 보임.
	중	일상에서 자주적인 태도를 가지고 생활하며 자주적인 삶을 실천하기 위해 노력함.
	하	자주적인 태도의 중요성을 이해하고 있지만 목표 설정 및 책임감 있는 행동을 보이는 데 어려움을 겪음.

관련 도서

줄무늬가 생겼어요	곰씨의 의자	나는 ( )사람이에요
글 · 그림: 데이빗 섀논 비룡소(2006)	글 · 그림: 노인경 문학동네(2016)	글: 수전 베르데 그림: 피터 H. 레이놀즈 위즈덤하우스(2021)
남의 눈치를 보느라 좋아하던 콩도 먹지 않던 카멜라는 줄무늬병에 걸리게 된다. 친구들과 다르다는 것을 두려워하는 아이들에게 자존감이 무엇인지 생각해 보게 할 수 있다.	곰씨가 자신만의 시간을 즐기던 중, 토끼들이 자신의 의자를 차지하면서 곰씨가 힘들어지는 이야기이다. 좋은 관계를 유지하기 위해 마음에 없는 억지 미소를 짓기 보다는 용기를 내어 자신의 속마음을 표현하면서 서로에게 건강한 관계가 무엇인지 생각해 보게 할 수 있다.	주인공은 끊임없는 배움과 상상을 통해 꿈과 비전을 추구하며 새로운 것을 발견하고 세상과의 인연을 만들어 가는 모습을 그리고 있다. 이 그림책을 바탕으로 학생들과 "나는 ( ) 사람이에요."라는 문구를 통해 자신의 삶을 성찰하고 자신이 원하는 모습을 표현해 볼 수 있다.

수업 후기

아이들 이야기

- '슈퍼거북'을 보고 나서 제가 진짜로 무엇을 좋아하는지, 무엇이 저를 행복하게 하는지 생각해 보게 됐어요. 다른 사람들이 뭐라 하든 제가 제 자신을 좋아하면 된다는 걸 알게 됐어요.

- 거북이는 자기 자신을 이해하고 행복한 삶을 찾아 나간 거 같아요. 저도 거북이처럼 제가 무엇을 좋아하는지 찾아보고, 그걸 따라가려고 해요. 다른 사람들의 생각을 너무 신경 쓰지 않으려고요.

- 거북이가 빠르게 달리려고 안 해도 괜찮았다는 걸 알게 됐어요. 제가 좋아하는 것을 찾아서 행복하게 살 수 있다는 걸 배웠어요.

선생님 이야기

- '슈퍼거북' 그림책을 통해 수업을 진행하면서 아이들이 자신의 삶의 방향에 대해 생각해 보고, 무엇이 자신에게 진정한 행복인지를 고민하게 되는 모습을 보며 굉장히 의미 있는 시간이었다고 느꼈다.

- 그림책 활용 도덕 수업은 단순한 이야기를 넘어서 아이들에게 자존감을 찾고, 타인의 시선을 너무 신경 쓰지 않아도 되는 교훈을 주고 있다. 이런 메시지를 통해 아이들이 더 자신감 있고 행복한 삶을 살아갈 수 있도록 도움을 줄 수 있다는 걸 알게 되었다.

- '슈퍼거북' 그림책을 활용한 이번 수업은 개인적으로도 많은 것을 느끼게 해 주었고, 앞으로도 이런 유의미한 그림책을 활용해 아이들에게 삶의 중요한 가치를 전달하고 싶다는 생각이 들었다.

나는 어떤 사람일까?

긍정적인 삶의 태도 갖기

나는 강물처럼 말해요

글: 조던 스콧
그림: 시드니 스미스
책읽는곰(2021)

소년은 아침이 되면 주변 소리에 깨어나지만, 말 한마디를 제대로 할 수 없다. 목구멍 안에서 말들이 서로 달라붙어 오로지 웅얼거림만이 흘러나올 뿐이다. 학교로 향하는 길, 오늘도 소년은 말할 필요가 없기를 간절히 바란다. 그러나 이날 학교에서는 자신이 가장 좋아하는 장소에 대해 차례대로 이야기하는 시간에 소년은 말이 나오지 않아 깊은 상심 속에 집으로 돌아온다.
이를 지켜본 아버지는, "너는 강물처럼 말한단다."라고 부드럽게 말한다.

아버지의 이 말은 소년의 삶의 태도에 어떠한 변화를 가져다주었을까?

수업 준비

BOOK RECIPE

자기 수용은 자신을 있는 그대로 받아들이고 사랑하는 것을 의미합니다. 많은 사람들이 살아가면서 어려움과 고난을 마주하게 됩니다. 그림책 '나는 강물처럼 말해요'는 어린 조던 스콧의 삶을 따라가며 말더듬이의 고충과 그로 인한 감정적 여정을 따뜻하게 그려내며 깊은 인생의 고난에 마주선 많은 사람들에게 깊은 감동을 전합니다. 이 책을 통해 어려움 속에서도 긍정적인 태도를 어떻게 발견할 수 있는지에 대해 탐구해 볼 수 있습니다.

관련 성취 기준

[도덕] 2022 성취 기준	[4도 01-04] 다른 사람의 관점을 수용할 수 있는지를 도덕적으로 검토하고 도덕규범을 내면화하여 도덕적 행동을 지향하는 자세를 기른다.

수업 활동

읽기 전

표지로 이야기 나누기

1. 이 책의 표지에 나타난 색감과 그림은 어떤 느낌을 주나요?
2. 제목에서 어떤 단어가 눈에 띄나요? 그 단어가 우리에게 전달하는 메시지는 무엇일까요?

읽기 중

동일시 질문, 카타르시스 질문으로 내용 이해하기

동일시 질문 예

- 여러분도 학교에서 발표할 때 주인공처럼 두려움을 느낀 적이 있나요?
- 주인공이 발표 시간에 겪은 두려움을 상상해 보면서, 여러분은 비슷한 상황에서 어떻게 대처했는지 이야기해 볼까요?

카타르시스 질문 예

- 이 책을 읽으면서 어떤 부분에서 슬프거나 기쁜 마음이 들었나요? 왜 그런 감정이 들었는지 이야기해 볼까요?

통찰 질문으로 나의 삶 들여다보기

1. 이 이야기에서 주인공이 배운 가장 중요한 교훈은 무엇이라고 생각하나요?
2. 주인공이 다른 선택을 했다면 이야기는 어떻게 달라졌을까요?
3. 만일 내가 주인공의 친구라면, 주인공에게 어떤 조언을 해 주고 싶나요?

BOOK RECIPE

동일시, 카타르시스, 통찰 질문법은 책과의 상호작용을 통해 발생하는 심리적 역동을 기반으로 한 질문 전략입니다. 이 방법은 교사와 학생, 그리고 학생들 사이의 대화를 촉진하며, 각 단계에서는 텍스트의 내용과 학생들의 이해 수준에 맞춘 질문으로 나눌 수 있습니다. 이러한 접근은 교사가 학생들의 사고를 심화시키고, 교육적 상호작용을 풍부하게 하는 데 유용합니다.

* 인용 및 참고: 조난영, 그림책으로 여는 세상, 렛츠북, 2020

읽기 후

나의 강점 미덕과 성장 미덕 찾기

나의 강점 미덕 찾기

1. 나의 성격, 외모, 단점, 강점 등을 찾기
2. 위에서 찾은 내용을 바탕으로 나를 친구에게 소개하기
3. 친구의 도움 받아 단점을 강점으로 바꾸어 보기

나의 '성장 미덕' 찾기

1. 미덕 카드를 보며 나의 강점 미덕과 성장 미덕이 무엇인지 생각해 보기
2. 내가 가지고 있는 강점 미덕과 성장 미덕을 각각 세 가지 찾아 적기

> **'성장 미덕'이란?**
> 나를 발전시켜 줄, 나에게 필요한 미덕

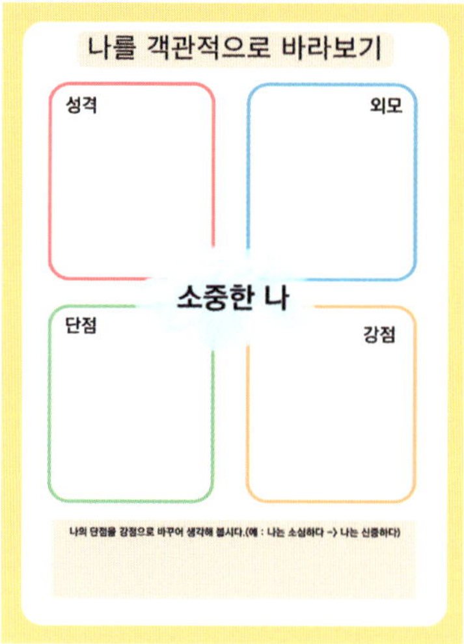

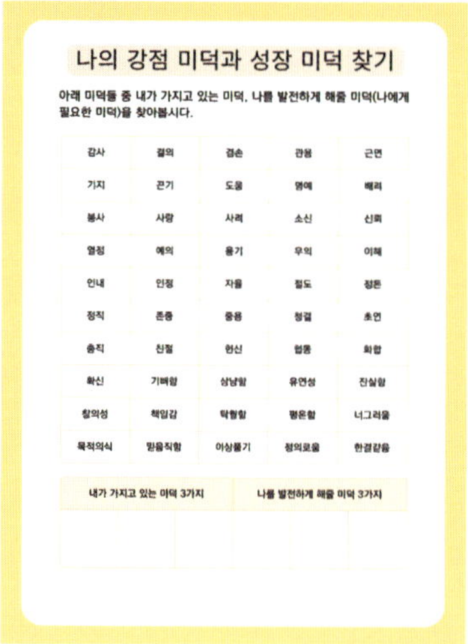

BOOK RECIPE

자신의 미덕을 탐색하는 활동은 개인의 강점과 장점을 식별하고, 성장을 위해 필요한 미덕을 이해하는 과정에서 자신을 발전시키려는 적극적인 자세를 함양하는 데 도움이 됩니다. 이러한 자기 탐색 활동은 자신에 대한 이해를 높이는 데 중요합니다.

수업 자료 및 학습 결과

나를 객관적으로 바라보기

소중한 나

성격

저는 친구들과 놀 때 웃음이 많아요 새로운 것을 배우는 것에 호기심이 많고 질문도 많이 해요

외모

제 얼굴이 동그래요. 그래서 별명이 똥글이예요. 운동을 좋아하고 다리가 굉장히 빨라요. 달리기 대회에서 1등 한 적도 있어요.

단점

가끔 제 차례를 기다리지 못하고 친구의 말을 자꾸 끊고 싶어져요. 집중을 잘 못해서 한 가지 일에 오래 집중하기 어려워요.

강점

친구들이 힘들어 할 때 잘 위로해 주고 도와줘요. 이야기를 재미있게 만들어서 친구들이 제 이야기를 듣는 것을 좋아해요.

나의 단점을 강점으로 바꾸어 생각해 봅시다.(예 : 나는 소심하다 -> 나는 신중하다)

가끔 친구 말을 끊게 되는 건, 제가 할 말이 정말 많아서 그래요. 생각이 빨라서 바로 바로 말하고 싶어지거든요. 한 가지 일에 오래 집중하기는 좀 어려운데, 그래서 여러 가지 일을 동시에 할 수 있어요. 여러 가지를 빨리 배우고 싶어서 그런 것 같아요.

나의 강점 미덕과 성장 미덕 찾기

아래 미덕들 중 내가 가지고 있는 미덕, 나를 발전하게 해줄 미덕(나에게 필요한 미덕)을 찾아봅시다.

감사	결의	겸손	관용	근면
기지	끈기 ✓	도움	명예	배려 ✓
봉사	사랑	사려	소신	신뢰
열정 (○)	예의	용기	우의 (○)	이해
인내	인정	자율	절도	정돈
정직	존중	중용	청결	초연
충직	친절 ✓	헌신	협동	화합 (○)
확신	기뻐함	상냥함	유연성	진실함
창의성	책임감	탁월함	평온함	너그러움
목적의식	믿음직함	이상품기	정의로움	한결같음

○ 내가 가지고 있는 미덕 3가지			나를 발전하게 해줄 미덕 3가지 ✓		
열정	우의	화합	친절	끈기	배려

평가(채점) 기준표

성취 기준	[4도 01-04] 다른 사람의 관점을 수용할 수 있는지를 도덕적으로 검토하고 도덕규범을 내면화하여 도덕적 행동을 지향하는 자세를 기른다.	
평가 요소	타인의 관점을 수용하고 이해하며 도덕적 행동 실천하기	
평가 방법	실연, 관찰평가	
평가 기준	상	자신의 생각과 비교하며 타인의 관점을 적극적으로 이해하고 수용하며 다양한 시각에서 공감하며 이야기 주인공의 상황을 바라봄.
	중	자신의 생각과 비교하며 타인의 관점을 이해하고 수용하며 다양한 시각에서 이야기 주인공의 상황을 바라봄.
	하	타인의 관점을 이해하고 수용하는 데 어려움을 겪으며 자신의 관점에만 치우친 생각을 보임.

관련 도서

노를 든 신부	멸치의 꿈	색깔의 비밀
글 · 그림: 오소리 이야기꽃(2019)	글 · 그림: 유미정 달그림(2020)	글: 차재혁 그림: 최은영 논장(2020)
섬에서 살던 소녀는 신부가 되어 세상을 향한 여정을 시작한다. 소녀가 노 하나로 늪에 빠진 사냥꾼을 구하고 자기의 꿈을 이루듯 자신의 강점과 성장의 가치와 의미를 생각해 볼 수 있다.	바다에서 놀다가 잘못된 빛에 이끌려 잡힌 멸치가 가공 과정을 겪으며 자아성찰을 하는 이야기. 자신의 정체성과 주체적인 삶의 가치를 탐색할 기회를 가질 수 있다.	산속에 살던 네 형제는 각자의 색깔로 살아간다. 여기서 색깔은 각자의 개성과 성장을 상징한다. 살아가면서 서로 닮아가고 물들어가는 과정이 자연스러운 성장임을 이해하게 도울 수 있다.

수업 후기

아이들 이야기

- '나는 강물처럼 말해요' 책을 읽고 나니까, 내가 잘하는 것들을 찾아보는 게 재미있었어요. 나에 대해서 더 많이 알게 된 것 같아서 기분이 좋아요.

- 이 책을 읽고 나니까 장애가 있는 사람들이 어떤 마음인지 알게 됐어요. 그래서 장애가 있는 친구들을 만나면 더 친절하게 대해주고 싶어졌어요.

- '나는 강물처럼 말해요'를 읽고 나서 내 마음을 어떻게 말로 표현하는지 배울 수 있었어요. 이제 내 기분을 더 잘 말할 수 있을 것 같아요!

- 이 책에서 "소용돌이치고 굽이치다가 부딪힌다."라는 말이 정말 마음에 와닿았어요. 말을 더듬는 친구가 왜 그런지 궁금했는데, 이제 알게 되었어요. 그런 친구를 만나면 힘들 때 옆에서 도와주고 싶어졌어요.

선생님 이야기

- '나는 강물처럼 말해요'를 활용한 수업을 통해 학생들이 서로의 차이를 인정하고, 각자의 속도로 말하는 것의 중요성을 이해하는 모습을 보며, 교육이 인내와 이해로부터 시작된다는 것을 다시 한번 깨달았다.

- 수업을 통해 학생들은 인생의 장애물을 극복하는 데 있어 응원과 지지가 얼마나 강력한 힘을 가질 수 있는지 알 수 있었고, 그 결과 학생들 사이에서 서로를 격려하는 문화가 자리 잡기 시작했다.

Ⅲ

그림책 활용
과학 수업

대구성산초 수석교사 김애자

그림책으로 과학 수업을 하면 뭐가 좋지?

친숙한 교육 매체인 그림책을 활용한 과학 수업은, 학생들에게 우리가 살아가는 주변의 자연 현상과 사물에 대해 호기심과 흥미를 가지고, 문제를 과학적으로 해결하고자 하는 긍정적 변화를 가져올 수 있다.

학생들은 그림책에서 등장인물이 겪는 문제점을 발견하고, 스스로 과학적인 해결책을 고민하는 과정에서 과학 기술에 대한 흥미와 이해를 높이고, 창의·융합적 사고력과 실생활 문제 해결력을 함양 할 수 있다.

소음 문제를 어떻게 해결할까?

소리의 성질을 이해하고 소음 문제 해결하기

소음공해

글: 오정희
그림: 조원희
길벗어린이(2020)

나는 심신 장애인들을 위해 힘들게 자원봉사를 하고 오롯이 혼자만의 휴식을 즐기고 있었다. 그러나 윗집에서 들려오는 정체 모를 둔탁한 소리에 신경이 예민해졌다. 나는 이 소음을 멈춰 달라고 위층에 요청하였다. 하지만 오히려 항의의 말을 듣는다. 이제 나는 분노하며 직접 나서서 문제를 해결하기로 한다.

소음 문제는 왜 발생할까?
우리 생활에서 발생하는 층간소음 문제를 어떻게 하면 슬기롭게 해결할 수 있을까?

수업 준비

BOOK RECIPE

우리 생활에서 층간소음 문제는 이제 개인의 문제를 넘어 사회의 문제로 이야기되고 있습니다. 대부분의 학생들은 아파트와 같은 공동 주택에 살면서 소음 문제를 겪어 본 적이 있을 것입니다. 따라서 '소음공해' 이야기를 통해 소리의 성질을 탐구하고 우리 주변의 소음을 줄이는 방법을 찾아 문제를 해결하게 할 수 있습니다.

관련 성취 기준

[과학] [미술] 2022 성취 기준	[4과 07-03] 여러 가지 물질을 통하여 소리가 전달되는 것을 관찰하고 소음을 줄이는 방법을 찾아 일상생활에서 실천할 수 있다. [4미 02-03] 조형 요소의 특징을 자유롭게 탐색하여 주제 표현에 알맞게 활용할 수 있다.

수업 활동

읽기 전

수업 주제 및 그림책과 연결 짓는 이야기 나누기

1. 소음공해는 무엇일까요?
2. 소음을 들었을 때 어떤 느낌이 들었나요?
3. 표지를 보아 등장인물에게 어떤 문제가 있을 것 같나요?

읽기 중

질문으로 내용 파악하기

1. 가장 공감이 되는 등장인물은 누구인가요?
2. 위층에서 소음이 들렸을 때 아래층 사람의 마음은 어떠했나요?
3. 등장인물들이 겪는 상황, 고민, 행동은 무엇일까요?
4. 등장인물과 비슷한 층간소음 경험이나 다른 소음 문제를 겪은 경험이 있나요?

소음 문제의 해결 방안 탐구하기

1. 이야기 상황 속 소음의 원인 찾기
2. 등장인물이 되어 소음 문제 해결 방안에 대해 이야기 나누기

BOOK RECIPE

그림책을 읽는 중간 중간 학생들이 공감하는 등장인물은 누구인지 그리고 그의 마음이 어떠한지를 살펴봅니다. 그리고 등장인물이 겪는 상황, 고민, 행동이 무엇인지 확인하고, 진짜 문제를 찾아 해결 방안을 구체적으로 탐구하도록 합니다.

읽기 후

소리의 성질 이해하기

1. 소리가 나는 물체의 특징 찾기
2. 소리 구별하기: 소리의 세기, 소리의 높낮이
3. 소리의 전달과 반사 실험하기
4. 소리의 성질을 이용하는 예를 조사하기
5. 소리의 성질을 이용하여 악기 연주하고 제작하기

우리 생활 주변의 소음 문제 찾아보기

1. 소음 측정 라벨을 보고 기분 좋은 소리와 기분 나쁜 소리 구별하기
2. 우리 주변에서 생기는 소음을 소음 측정기 앱으로 측정하기
3. 우리 주변(학교와 동네) 소음을 측정하여 소음지도 만들기

소음을 줄일 수 있는 방법 토의하고 문제 해결하기

1. 모둠별 브레인스토밍을 통해 해결하고 싶은 문제 선택하기
2. 문제 해결을 위한 아이디어 내기

3. 문제 해결을 위한 방음벽 설계하기
4. 소음을 줄일 수 있는 방음벽 만들기
5. 이야기 바꿔 쓰기

노벨 엔지니어링 활용 수업 설계

1. 책읽기: '소음공해' 책 읽고 문제 상황 확인하기
2. 문제 인식: 소음이 우리 생활에 미치는 영향 이야기 나누기
3. 해결책 설계: 방음벽의 역할과 기능 알아보고 개선점 발견하기
4. 창작물 만들기: 아이디어 생성하고 방음벽 제작하기
5. 이야기 바꿔 쓰기: 느낀 점 공유하고 자기 성찰하기

BOOK RECIPE

노벨 엔지니어링 활용 수업으로 학생들은 생활 주변에서 스스로 문제를 찾습니다. 그리고 수업 시간에 배운 소리의 성질을 이용하여 문제 해결을 위한 아이디어를 내고 방음벽을 제작하는 과정을 통해 문제 해결력을 기르도록 합니다. 또한 이야기 바꿔 쓰기를 통해 자신도 기술 공학을 통해 문제 해결의 주체가 될 수 있는 경험을 하도록 합니다.

수업 자료 및 학습 결과

소음 문제 해결하기

1. 우리 학교 주변의 소리를 듣고 소음지도를 만들어 봅시다.
(교실, 복도, 큰 도로변 자동차 소리, 상가에서 들리는 소리, 운동장에서 뛰는 소리)

| 우리 학교 주변의 소리 지도 |

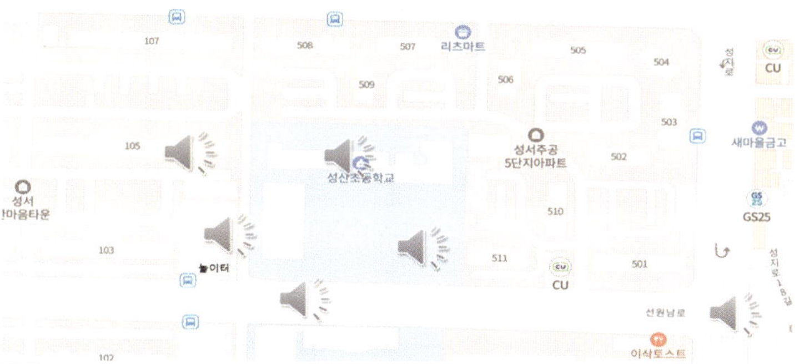

2. 소음지도의 소음원에 대해 내가 느끼는 소음의 정도를 소음 측정기 앱으로 측정해 봅시다.

소음원		
교실 안 (혹은 집 안)	조용히 이야기하는 소리	
	시끄럽게 떠드는 소리	
	문을 열고 닫는 소리	
	걷거나 뛰는 소리	
	TV소리	
	샤워하는 소리	
	?	
복도에서 뛰는 소리		
도로 - 자동차 경적 소리		
상가에서 소리 지르는 소리		
아파트 공사 소리		
점수 합계		

3. 문제 해결 방법을 탐색하고, 모둠 친구들과 아이디어를 나누어 봅시다.

| 책 읽고 문제 상황 확인하기 |

| 학교 주변 소음 측정하기 |

| 문제 해결 아이디어 내기 |

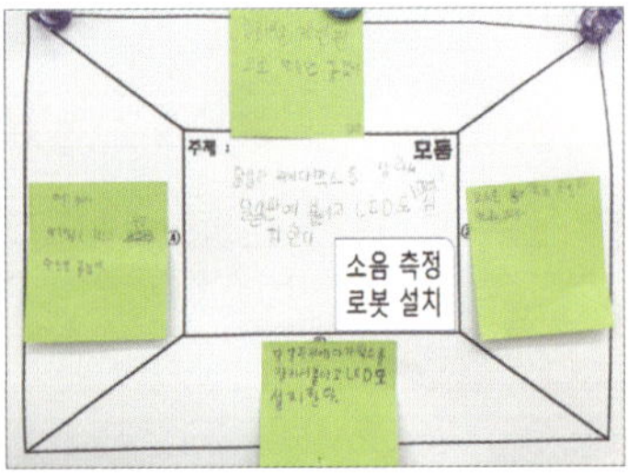

| 해결책 설계하기 |

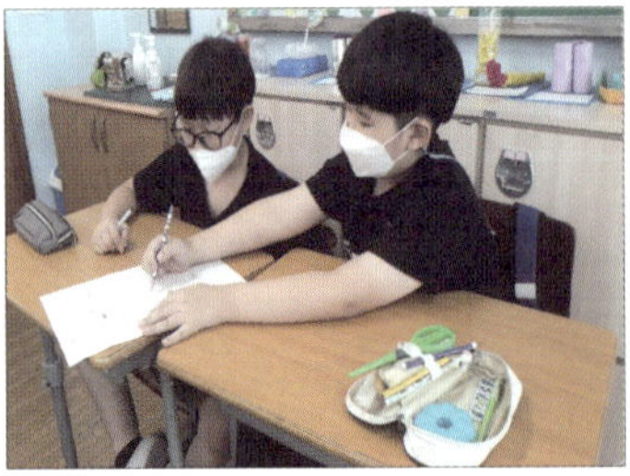

| 창작물 만들기 |

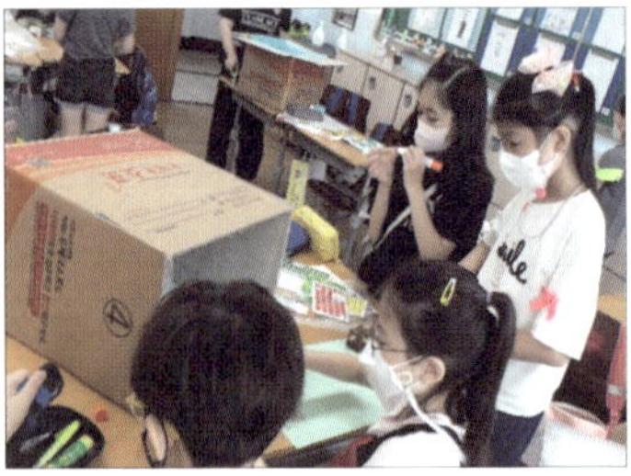

4. 창작물을 만들고, 이야기를 바꿔 써 봅시다.

| 이야기 바꿔 쓰기 |

| 슬기로운 생활을 위한 방음벽 만들기 |

평가(채점) 기준표

성취 기준	[4과 08-03] 여러 가지 물체를 통하여 소리가 전달되거나 반사됨을 관찰하고 소음을 줄이는 방법을 토의할 수 있다.	
평가 요소	소음을 줄이는 방법 토의하고 문제 해결하기	
평가 방법	관찰평가, 포트폴리오(결과물)	
평가 기준	상	소리의 성질을 이용하여 소음을 줄이는 방법을 협력하여 토의하고 문제 해결 방안을 창의적으로 제시함.
	중	소리의 성질을 이용하여 소음을 줄이는 방법을 토의하고 문제 해결 방안을 제시함.
	하	소음을 줄이는 방법을 협력하여 토의하고 문제 해결 방안을 제시하는 데 어려움이 있음.

관련 도서

시끌시끌 소음공해 이제 그만!	층간소음의 비밀	신기한 스쿨버스 (소리의 원리)
글: 정연숙 그림: 최민오 와이즈만북스(2019)	글 · 그림: 변정원 보림(2023)	글: 조애너 콜 그림: 브루스 디건 비룡소(2018)
층간소음부터 동식물의 생태를 위협하는 도시 소음까지 다양한 소음을 다루는 이야기. 소음의 원인, 해결 방안 등에 대해 다양하게 생각해 볼 수 있다.	층간소음 문제를 어떻게 해결할까? 층과 층 사이에 비밀이 있다는 이야기로 학생들의 마음을 달래는 이야기이다. 소음의 원인을 찾아보고, 층간소음 문제 해결 방법을 생각해 볼 수 있다.	유령 박물관에서 열린 음악회 속 소리 이야기를 다룬다. 늘 듣는 소리이지만 어떻게 소리가 나는지 학생들이 소리에 대해 궁금해하는 것들에 대해 재미있는 놀이를 하며 탐구할 수 있다.

수업 후기

아이들 이야기

- 나도 집에 있으면 위층에서 아이들이 뛰는 소리와 밤늦게 세탁기를 돌기는 소리에 짜증이 많이 났다. 그런데 내가 내는 소음으로 아래층도 화가 날 수 있겠다는 생각이 들었다.

- 소리는 물체를 만나면 반사한다는 것을 알았다. 우리 아파트 옆 도로에 있는 방음벽이 소리의 성질을 이용하여 설치되었다는 것을 새롭게 알게 되었다.

- 기분 나쁜 소리인 소음 문제를 슬기롭게 해결하는 방법을 이제 알게 되었다. 아래층을 위하여 바닥에 부드러운 매트를 깔고 슬리퍼를 신고 다녀야겠다. 그리고 층간소음 예방 교육에서 배운 배려의 약속을 실천해야겠다.

- 방음벽을 직접 만들면서 재밌었고, 친구들과 가까워져서 좋았다.

- 핸드폰 벨소리나 종소리를 기분 좋은 소리로 직접 만들고 싶다.

선생님 이야기

- 그림책을 활용하여 학생들이 문제를 발견하고 소리의 성질에 대해 배운 것으로 생활 속 문제를 해결할 수 있었다.

- 등장인물이 겪고 있는 어려운 점을 공감하고 해결책을 찾도록 하였다. 학생들은 자신의 의견이 실현 가능한 해결책인지, 그리고 직접 구현할 수 있는지 고민하며 결정하는 과정 속에서 스스로 문제를 해결하는 능력을 기를 수 있었다.

- 학생들은 책을 읽고 등장인물의 문제 상황을 공감하고 공학적으로 해결하려고 노력하였다. 학생들에게 공학적인 원리를 적용할 수 있도록 노벨 엔지니어링 활용 수업에 대한 더 연구해야겠다.

- 우리가 만든 해결 방법이 등장인물에게 어떤 결말을 가져다줄지 이야기를 바꿔 쓰는 단계를 통해 학생들은 배움을 세상과 연계하는 경험을 하였다. 하지만 실제 삶에서 이웃 간의 배려하는 삶을 약속하고 실천하도록 하는 것에는 한계가 있었다. 지속적인 미래를 위하여 타 교과나 창의적 체험 활동과 연계하여 지도해야겠다.

지진이 발생하면 어떻게 해야 할까?

지진이 났을 때 안전하게 대처하는 방법 탐구하기

재난에서 살아남는 10가지 방법

글: 강로사, 류재향
그림: 이창섭
종이책(2018)

동화를 읽으며 자연스럽게 익히는 재난 대처법! 이 책은 위급한 재난 상황인 지진, 폭우, 폭염, 화재, 조난 등과 같은 재난에 대처하는 방법을 익힐 수 있도록 해 준다. 주인공인 초등학생은 일상에서 벌어지는 위급한 재난 상황에서 스스로와 주변 사람을 지키기 위해 슬기롭게 대처하며 위험을 극복해 나간다.

지진이 발생하는 까닭은 무엇일까?
만약 지진이 나서 땅이 흔들린다면, 우리들은 어떻게 대처해야 할까?

수업 준비

BOOK RECIPE

이 책은 지진, 폭우, 폭염 등의 자연 재난에 대한 이야기가 담고 있습니다. 일상에서 벌어지는 재난 상황 문제를 어떻게 하면 슬기롭게 대처할 수 있을까요? 학생들이 이야기 속 주인공이 되어 지진 발생 피해 내용과 함께 지진이 이 발생했을 때 안전하게 대처하는 방법을 알아보게 할 수 있습니다.

관련 성취 기준

[과학] [미술] 2022 성취 기준	[4과 11-04] 화산 활동과 지진이 우리 생활에 미치는 영향을 조사하여 대처 방법을 실천할 수 있다. [4미 02-03] 연상, 상상하거나 대상을 관찰하여 주제를 탐색할 수 있다.

수업 활동

읽기 전

수업 주제 및 그림책과 연결 짓는 이야기 나누기

1. 재난이란 무엇일까요? 자신의 생각과 경험을 이야기해 보세요.
2. 지진이 발생하는 원인은 무엇일까요?
3. 만약 지금 여기에 지진이 발생하면, 어떤 일이 일어날까요?
4. 지진이 발생하면 어떻게 대처해야 할까요?

읽기 중

질문으로 내용 파악하기

1. 지진이 발생했을 때, 희수와 지아는 어떤 마음이 들었을까요?
2. 지진으로 인해 어떤 피해가 발생했나요?
3. 희수는 지진이 발생했을 때, 어떻게 동생 은수를 데리고 안전하게 아파트를 빠져나갈 수 있었나요?

지진 발생 시 안전하게 대처하는 방법 탐구하기

1. 지진 발생 시, 희수가 본 주변의 모습을 살펴보기
2. 지진 발생 시, 집(아파트)에서 안전하게 대처하는 방법 탐구하기

BOOK RECIPE

최근 국내 지진 발생 추이를 기상청(https://www.weather.go.kr)에서 규모 3.0 이상 발생 횟수를 연도별로 살펴볼 수 있습니다. 또한 초등학생 희수(주인공)와 함께 지진이 발생했을 때의 주변의 피해 사례와 함께 어떻게 하면 안전하게 대처할 수 있는지 알아볼 수 있습니다.

읽기 후

지진이 발생하는 까닭 설명하기

1. 지진과 관련된 경험 이야기하기
2. 지진 발생 모형 실험하기
3. 지진이 발생하는 원인 알아보기
4. 지진 발생 모형실험과 실제 지진 비교하며 이야기 나누기

최근 발생한 지진 피해 사례 조사하기

1. 지진 발생 사례 이야기하기
2. 우리나라와 다른 나라에서 발생한 지진 피해 사례 조사하기
   - 기상청 날씨누리 누리집(https://www.weather.go.kr)에서 지진 발생 목록과 규모 조사하기
3. 지진 피해 사례 조사 활동으로 알게 된 점 이야기 나누기

지진이 발생했을 때 대처 방법(상황별, 장소별)에 따라 행동하기

1. 지진이 발생할 때 안전하게 대처하는 방법 조사하여 발표하기
   - 지진 발생하기 전 대처 방법
   - 지진 발생 시 대처 방법
   - 지진 발생 후 대처 방법
2. 지진 발생 시 장소와 상황에 맞는 대처 방법에 따라 대피 훈련하기
   - 장소: 학교, 집(아파트), 대형 마트나 백화점, 지하철, 산이나 강 등
3. 우리 집 지진 대비 현황 점검하기 (가정과 연계: 과제로 제시)

BOOK RECIPE

지진이 발생했을 때 장소와 상황에 따라 올바르게 대처하는 방법을 최대한 다양하고 정확하게 조사하도록 합니다. 이때 기상청(날씨누리), 국민재난안전포털 등 공인된 사이트를 이용하도록 하면 좋습니다. 또한 학교에 있을 때 지진이 발생했다고 가정하여 대피 훈련을 실시하고, 가정과 연계하여 지도하고, 국민안전체험관이나 시민안전테마파크 등으로 현장체험학습을 가서 체험할 수도 있습니다.

수업 자료 및 학습 결과

지진 발생 시 대처 방법 홍보물 만들기

1. 지진에서 살아남기 위하여 어떻게 해야 할까요? 공익광고를 모둠 친구들과 함께 토의하고 설계하여 봅시다.

모둠 이름	
주제	

2. 공익광고(카드 뉴스나 동영상)에 들어갈 중요한 장면을 스토리보드에 표현해 봅시다.

담고 싶은 메시지 :	

3. 계획한 내용에 맞게 직접 홍보물(영상)을 제작하여 봅시다.

| 재난 안전 교육 |

- 학교에 있을 때 -

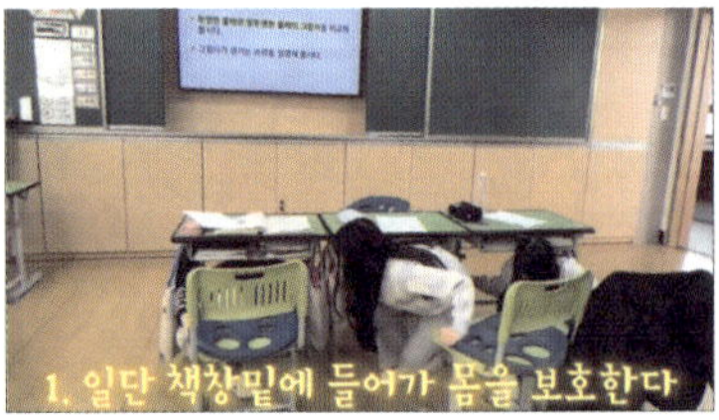

- 대형 마트에 있을 때 -

| 성산재난안전홍보관 (http://gg.gg/184ibd) |

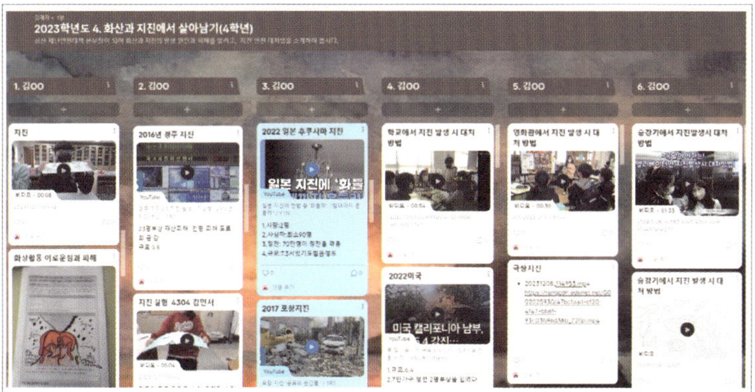

지진 대피 홍보 영상 - 엘리베이터에서 -	

| 이야기 바꿔 쓰기 |

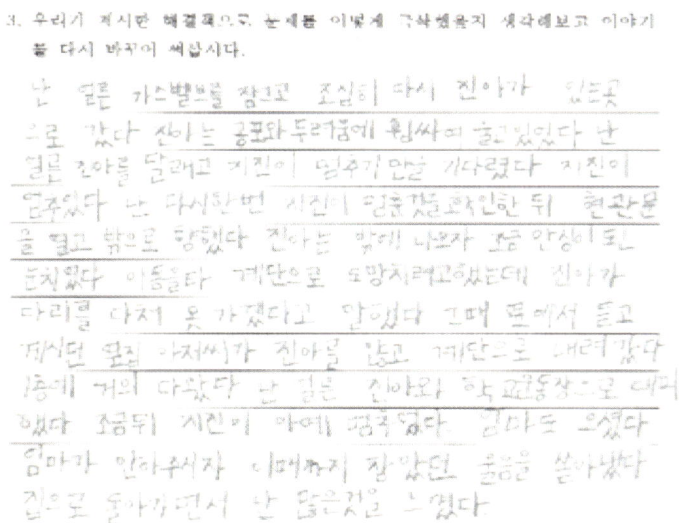
3. 우리가 제시한 해결책으로 문제를 어떻게 극복했을지 생각해보고 이야기를 다시 바꾸어 써봅시다.

난 얼른 가스밸브를 잠그고 조심히 다시 진아가 있는곳으로 갔다 진아는 공포와 두려움에 휩싸여 울고있었다 난 얼른 진아를 달래고 지진이 멈추기만을 기다렸다 지진이 멈추었다 난 다시한번 지진이 멈춘것을 확인한 뒤 현관문을 열고 밖으로 향했다 진아는 밖에 나오자 조금 안심이 된 눈치였다 아파트 계단으로 도망치려고했는데 진아가 다리를 다쳐 못 가겠다고 말했다 그때 뒤에서 듣고 계시던 옆집 아저씨가 진아를 업고 계단으로 내려갔다 1층에 거의 다왔다 난 얼른 진아와 학교운동장으로 대피했다 조금뒤 지진이 아예 멈추었다 엄마도 오셨다 엄마가 안아주시자 이때까지 참았던 울음을 쏟아냈다 집으로 돌아가면서 난 많은것을 느꼈다

평가(채점) 기준표

성취 기준	[4과 11-04] 지진 발생의 원인을 이해하고 지진이 났을 때 안전하게 대처하는 방법을 토의할 수 있다.	
평가 요소	지진 발생 시 안전하게 대처하는 방법을 설명하기	
평가 방법	관찰평가, 포트폴리오	
평가 기준	상	지진 발생 시 장소에 따라 상황별로 안전하게 대처하는 방법을 구체적으로 잘 설명함.
	중	지진 발생 시 장소에 따라 안전하게 대처하는 방법을 대략적으로 설명함.
	하	지진 발생 시 장소에 따라 안전하게 대처하는 방법을 설명하기 어려워함.

관련 도서

요리조리 열어보는 화산과 지진	부글부글 땅속의 비밀 화산과 지진	수상한 지진과 지형의 비밀
글: 에밀리 본 그림: 바오 루 어스본코리아(2022)	글: 함석진, 신현정 그림: 이경국 웅진주니어(2010)	글: 서해경 그림: 이경석 키큰도토리(2019)
화산은 왜 폭발하고, 지진은 어떻게 일어나는지 60기 플랩을 열어 학생들이 경험하는 일상의 현상부터 접근해서, 이해하기 쉽고 자연스럽게 풀어나가 화산과 지진에 대해 알아볼 수 있다.	지구 속에 있는 마그마를 통해 맨틀과 판, 화산과 지진 등 지구 속과 밖에 대한 정보를 알려준다. 화산과 지진에 대한 원리를 다양한 이야깃거리와 일러스트로 알아볼 수 있다.	통신문 기자들과 함께 지진과 우리 땅, 지리에 대해 알아보고 지구의 구조와 지진에 대한 기본적인 지식과 재난 안전 수칙을 살펴볼 수 있다.

수업 후기

아이들 이야기

- 얼마 전 경주에서 4.0 규모의 지진이 발생했다고 한다. 지진은 왜 일어나는지 궁금했는데, 수업 시간 중에 지진의 발생 원인과 안전하게 대처하는 방법을 배울 수 있었다.

- 책을 읽고 지진의 피해 상황을 알게 되었다. 그리고 주인공 희수가 되어 집에서 지진이 발생했을 때의 상황을 간접적으로 체험해 보고 안전하게 대처하는 방법을 알게 되었다.

- 우리 집의 재난 대처 정도를 살펴보고 미리미리 준비할 수 있었다. 특히 우리 집에 생존 가방이 없는 것을 알게 되었다. 재난대비용품을 준비해야겠다.

- 장소에 따라 지진 발생 시 상황별 대처 방법에 대해 친구들과 아이디어를 나누며 홍보 영상물을 만들어 본 것이 좋았다.

- '지진이 우리나라에 설마 일어나겠어?'라고 생각했는데, 기상청에 들어가 보니 한반도에 지진이 자주 발생한다는 것을 알게 되었다. 미리미리 대처 방법을 알고 안전하게 대피해야겠다고 생각했다.

선생님 이야기

- 어제 경주에서 4.0 규모의 지진이 발생했다. 그래서인지 학생들은 책 속의 등장인물인 초등학생 희수의 지진 피해 상황에 많이 공감하면서 지진 발생 시 대처 방법 탐구에 적극적으로 참여하였다.

- 지진이 발생했을 때 장소에 따라 지진 발생 전, 중, 후에 안전하게 대처하는 방법에 대해 함께 탐구하고 팀별로 상황극을 계획하고 홍보 영상물을 만들었다. 다음에는 모둠별로 다양한 유형의 홍보물(그림책이나 웹툰 등)을 만들어서 소개하면 좋겠다.

- 학생들은 장소별로 지진 발생 시 대처 방법을 영상으로 제작하는 것에 적극적으로 참여하였다. 몇 번의 상황극을 하면서 대피하는 방법을 좀 더 구체적으로 탐구하게 되었고, 스스로 만든 해결 방법이 등장인물에게 어떤 결말을 가져다줄지 이야기를 나누어 봄으로써 배움을 실제 삶과 연결지을 수 있었다.

- 학생들은 단원 수업 이후에 우리 집의 재난 대처 정도를 파악하고 재난 안전 가방을 만들었다. 재난과 관련된 직업을 알아보고 진로교육과 연계하여 지도하면 더 좋을 것 같다.

물은 어떻게 여행할까?

물의 중요성과 물 부족 현상 해결하기

물은 어디서 왔을까?

글: 신동경
그림: 남주현
길벗어린이(2008)

내가 젖은 머리카락을 말리면 물이 수증기가 되어 내 몸을 떠난다. 수증기는 하늘 높이 올라가서 찬 공기를 만나 구름이 되고, 구름은 이곳저곳으로 떠다니다 지구 이곳저곳에 비를 뿌린다. 빗물이 모여 시냇물이 되고 강과 바다로 흘러간다. 물은 끊임없이 순환하면서 우리 생활에서 다양하게 이용된다. 그뿐만 아니라 지구에 사는 생물들은 모두 물이 있어야 살 수 있다.

이런 중요한 물은 어디서 왔을까?

물의 순환을 활용하여 물 부족 현상을 어떻게 해결할 수 있을까?

수업 준비

BOOK RECIPE

이 책은 물이 내 몸을 떠나서 다시 나에게로 돌아오기까지의 물의 순환 과정을 다루고 있습니다. 또한 책에 소개된 실험 방법에 따라 물이 액체에서 기체로, 다시 기체에서 액체 상태로 변화하는 과정을 간단하고 손쉽게 실험해 볼 수 있습니다. 생태전환교육과 관련하여 물의 중요성과 물 부족 현상을 다루고, 물의 순환 과정을 이용하여 물을 얻을 수 있는 장치를 창의적으로 설계해 볼 수 있습니다.

관련 성취 기준

[과학] [미술] 2022 성취 기준	[4과 10-03] 물의 상태 변화를 이용하여 물을 얻을 수 있는 장치를 설계하고 만들 수 있다. [4미 02-01] 관찰과 상상으로 아이디어를 떠올려 표현 주제를 구체화할 수 있다.

수업 활동

읽기 전

수업 주제 및 그림책과 연결 짓는 이야기 나누기

1. 책 표지의 제목과 그림을 보고 떠오르는 것은 무엇인가요?
2. 표지에서 물은 어디에 있나요?
3. 물, 얼음, 수증기와 관련된 경험은 어떤 것이 있나요?

읽기 중

질문으로 내용 파악하기

1. 물은 어디에 쓰이나요?
2. 머리카락에 있던 물은 어디로 갔나요?
3. 수증기는 어디로 갔나요?, 수증기는 물로 어떻게 바뀌나요?
4. 구름 속 물방울들은 어디로 이동하나요?
5. 비는 왜 내리나요?
6. 물이 얼면 어떻게 되나요?
7. 물은 어떻게 이용되나요?

물의 순환 과정 탐구하기

1. 물의 여행(순환 과정) 정리하기
2. 물이 없으면 어떻게 될지 상상하고 물의 중요성 정리하기

BOOK RECIPE

물이 이동하거나 상태가 변하면서 순환하는 과정을 생명체, 지표, 공기 사이에서 일어나는 다양한 현상과 관련지어 '물의 여행'을 설명할 수 있습니다. 그리고 물이 액체에서 기체로, 다시 기체에서 액체 상태로 변화하는 것을 간단한 실험으로 직접 확인해 볼 수 있습니다.

읽기 후

물의 순환 과정 알아보기

1. 그림책의 이야기 장면을 보고 물의 여행에 대해 이야기 나누기
2. 물이 수증기나 얼음으로 변하는 상태 관찰하기

물의 상태 변화

- 얼음이 시간이 되면 물이 되는 과정
- 물이 마르고 사라지는 과정
- 수증기가 물이 되는 과정

3. 물의 세 가지 상태 알아보기(고체, 액체, 기체)
4. 물이 이동하거나 상태가 변하면서 순환하는 과정(물의 여행) 정리하기
   - 물의 순환, 증발, 응결의 용어 의미 알기
5. 물의 순환 과정을 4컷 만화 그리기

물의 순환 과정 표현하기

1. 일상생활에서 물을 이용하는 경우 탐색하기
2. 내가 물이 되어 물이 다양하게 이용되는 상황을 역할놀이로 표현하기
3. 물을 이용하는 경우를 떠올려 물의 중요성 설명하기

물 부족 현상을 해결하기 위한 물 모으는 장치 설계하기

1. 물 부족 현황과 원인 알아보기
2. 물 부족 현상을 해결 사례를 조사하고 물 모으는 장치 설계하기
3. 자신이 설계한 물 모으는 장치를 소개하고 공유하기

BOOK RECIPE

학생들은 물의 중요성에 대한 인식이 부족합니다. 잘못된 물 사용 습관을 점검해 보고, 지구에서 물이 부족한 곳이 어디인지 조사하고, 물이 부족한 까닭을 토의해 봅니다. 더 나아가 물 부족 현상을 해결하기 위해 어떻게 해야 하는지 해결 방안을 탐색하고 물의 순환을 이용하여 물 모으는 장치를 창의적으로 설계할 수 있습니다.

수업 자료 및 학습 결과

물을 모으는 장치를 설계하기

1. 물 모으는 장치를 설계하기 전에 친구들과 이야기한 내용을 써 봅시다.

어디에 필요한가요?	필요한 지역과 특징
물 모으는 방법	
필요한 재료	□ 물을 아껴 쓰는 장치 □ 물을 모으는 장치
사용 방법	

2. 물 모으는 장치를 그림과 글로 나타내고, 그 장치의 특징이 잘 드러나도록 이름을 붙여 봅시다.

〈장치 : 〉
장치 소개하기 :

| 캔바를 활용해 정리한 물의 순환 과정 |

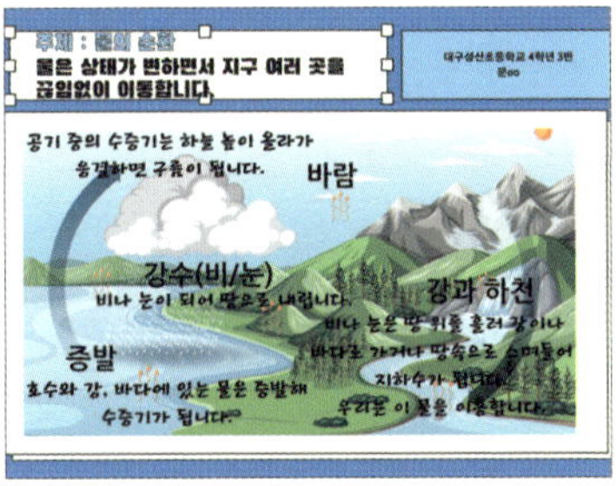

| 물 모으는 장치 설계하기 |

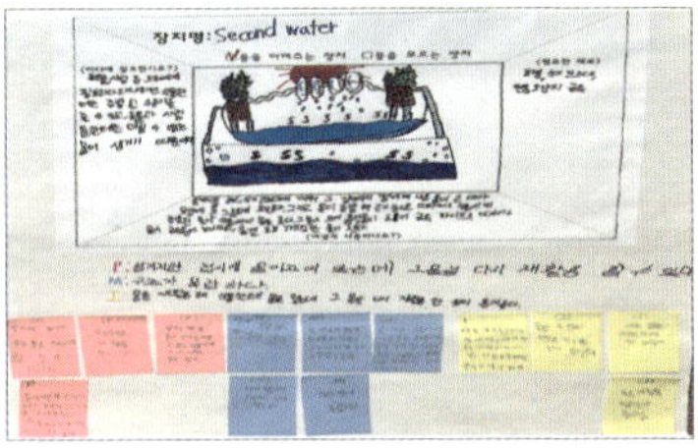

대구성산초등학교 4학년 2반 작품

평가(채점) 기준표

성취 기준	[4과 10-03] 물의 상태 변화를 이용하여 물을 얻을 수 있는 장치를 설계하고 만들 수 있다.	
평가 요소	물의 순환을 이용하여 물 부족 현상을 해결할 장치를 설계하기	
평가 방법	자기평가, 관찰평가, 포트폴리오	
평가 기준	상	물의 순환을 이용하여 물 부족 현상을 해결할 장치를 창의적으로 설계하고 이해하기 쉽게 설명함.
	중	물의 순환을 이용하여 물 부족 현상을 해결할 장치를 설계하고 설명함.
	하	물의 순환을 이용하여 물 부족 현상을 해결할 장치를 설계하려고 노력함.

관련 도서

물이 돌고 돌아	물, 어디든 흘러	똑똑한 빗물 저금통
글: 미란다 폴 그림: 제이슨 친 봄의정원(2016)	글: 김수주 그림: 이한아 키큰도토리(2023)	글: 강경아 그림: 안녕달 학고재(2012)
모습을 바꾸며 순환하는 물 이야기이다. 생활 속에서 자연스럽게 물의 순환을 배우게 된다. 평범한 일상의 모습 속에서 물의 순환 과정을 소개하고 있다.	물은 지구 어디에서나 있다. 그리고 물이 없으면 생물도 살 수 없다. 인류와 함께 걸어온 물을 통해 과학, 환경, 역사를 엿보고, 물과 관련된 문제의 해결책을 찾아본다.	우리가 무심코 흘려버리는 빗물의 소중함에 대해 쉽게 풀어 쓴 책이다. 물 부족 문제를 해결할 수 있는 최고의 대체 자원인 빗물 오염을 막기 위해 실천할 수 있는 다양한 방법을 소개한다.

수업 후기

아이들 이야기

- 우리가 마시는 물이나 빗물은 새로운 것이 아니고, 물은 이동하여 우리 곁에 있었다는 것을 알게 되었다.

- 내가 가장 좋아하는 놀이가 물놀이다. 그런데 비 오는 날 우산을 쓰고 하늘 위에서 떨어지는 물방울을 보고 이 물은 어디서 왔을까? 궁금했는데 그 궁금증이 풀려서 참 좋다.

- 물은 우리 생활에 꼭 필요하다. 만약 물이 없다면, 아침 일찍 일어나서 얼굴을 깨끗하게 씻을 수도 없고, 밥을 지어 먹을 수도 없고, 한여름에 시원한 얼음물도 마실 수 없을 것이다. 물이 얼마나 중요한지 새삼 알게 되었다.

- 지구에서 우리가 이용할 수 있는 물은 강과 호수의 물로 그 양이 한정적이라고 한다. 지금까지 몰랐는데 우리나라가 물 부족 국가라고 한다. 물을 아껴 쓰고 모아서 쓰는 장치를 개발해서 물 사랑을 적극 실천해야겠다.

선생님 이야기

- 학생들은 물의 순환 과정을 쉽게 이해할 수 있었다. 그런데 물 부족 문제의 실태에 대해서는 정확히 파악하고 있지 못하고 있었다. 그래서 먼저 물 부족의 심각성과 현황, 그 원인이 무엇인지 알아보고, 물 부족 문제를 해결하는 방안을 창의·융합 활동으로 제시하였다.

- 학생들은 물 부족 문제 해결 방안을 다양하게 찾아보고, 쉽게 실천할 수 있는 것부터 계획을 세웠다. 앞으로 학생들이 지속 가능한 지구를 위하여 물을 아껴 쓰고, 소중히 다룰 수 있도록 가정과 연계하여 지도해야겠다.

- 물 모으는 장치를 설계하기 전에 설치하고 싶은 지역의 특징을 먼저 살펴보고 물 부족 문제에 충분히 공감하도록 하였다. 그리고 물 부족 문제를 해결한 사례를 조사하고 자신만의 창의적인 방법을 고안하여 문제를 해결할 수 있도록 하였다. 학생들은 단독 주택이나 공용 시설인 학교에 빗물을 모아 활용하는 방안과 바닷물을 활용한 기술 개발 설계에 관심이 많았다.

그림자는 어떻게 생길까?

빛의 직진과 그림자가 생기는 원인 탐구하기

그림자는 내 친구

글: 방정선
그림: 이수지
길벗어린이(2008)

빛이 있는 곳에 언제나 그림자는 따라다닌다. 나무 위에 숨어 있던 여자아이는 그림자 때문에 오빠에게 들킨다. 고양이는 자기 그림자를 숨기려고 더 큰 그림자 속에 숨기도 하고, 아이들은 집 안으로 들어와 가면 놀이도 하고, 그림자놀이도 한다.

그림자는 왜 생길까?

그림자를 만드는 빛의 성질은 무엇일까?

수업 준비

BOOK RECIPE

이 책은 빛과 그림자의 과학을 재미있게 배우고, 배운 것을 직접 관찰하고 놀이할 수 있습니다. 우리 생활에서 보았던 그림자를 이야기하면서 그림자가 생기는 조건과 까닭, 물체의 크기와 그림자 크기 등을 탐구하고, 그림자를 만드는 빛의 성질을 탐구할 수 있습니다. 더 나아가 국어, 미술과 연계하여 그림자 연극을 만들어 볼 수 있습니다.

관련 성취 기준

[과학] [국어] [미술] 2022 성취 기준	[6과 02-02] 빛이 나아가는 현상을 관찰하여 빛이 직진, 반사, 굴절하는 성질이 있음을 말할 수 있다. [6국 01-05] 자료를 선별하여 핵심 정보를 중심으로 내용을 구성하고 매체를 활용하여 발표한다. [6미 02-02] 디지털 매체 등 다양한 표현 재료와 용구를 탐색하여 작품 제작에 활용할 수 있다.

수업 활동

읽기 전

수업 주제 및 그림책과 연결 짓는 이야기 나누기

1. 책 표지의 제목을 보고 어떤 것이 떠오르나요?
2. 그림자와 관련해서 어떤 경험이 있나요?
3. 그림자가 생기는 까닭은 무엇일까요?

읽기 중

질문으로 내용 파악하기

1. 그림자는 어떻게 생기나요?
2. 그림자를 어떻게 하면 사라지게 할 수 있을까요?
3. 투명한 물체와 불투명한 물체의 그림자는 어떠한가요?
4. 그림자의 크기는 어떻게 변하나요?

빛의 직진과 그림자가 생기는 원인 탐구하기

1. 그림자가 생기는 과정
2. 그림자의 크기 변화
3. 그림자를 만드는 빛의 성질

BOOK RECIPE

학생들이 그림자를 만드는 빛의 성질에 대해 호기심을 가질 수 있도록 그림자가 생기는 까닭을 추리해 보세요. 그리고 물체의 모양에 따라 그림자는 어떻게 생기는지와 투명한 물체와 불투명한 물체의 그림자는 어떠한지 알아보고, 그림자의 크기를 어떻게 하면 변하게 할 수 있는지 알아봅니다.

읽기 후

그림자가 생기는 까닭 설명하기

1. 운동장에서 그림자밟기 놀이하기
2. 그림자가 생기는 까닭 예상하기
3. 불투명한 물체와 투명한 물체의 그림자 비교 관찰하기
4. 그림자가 생기는 까닭 설명하기

그림자를 만드는 빛의 성질 알아보기

1. 그림자놀이 영상 보기 (http://gg.gg/180nei)
2. 동물 그림자 만들기 놀이하기
3. 물체 모양과 그림자 모양 비교 관찰하기
4. 물체 모양과 그림자 모양이 비슷한 까닭을 빛의 성질과 관련지어 설명하기
   (빛이 직진하지 않는다면, 그림자는 어떻게 나타날까?)

그림자 인형극으로 표현하기

1. 재미있는 그림자 인형극 관람하기
2. 그림자 인형극에 나오는 인물 표현하기
   - 인물의 특징이 잘 나타난 그림자 인형 만들기
   - 상징적인 모양으로 인물 표현하기
   - 그림자 인형의 크기 변화로 인물들의 관계 표현하기
3. 셀로판지나 집게자석을 이용하여 그림자 인형극의 배경 표현하기
4. 그림자 인형극을 영상으로 만들어서 VITA 앱으로 편집하기
5. 빛과 그림자의 관계에 대해 이야기 나누기(성찰하기)

BOOK RECIPE

그림자놀이 영상을 보며 빛의 성질을 활용하여 동물 그림자 만들기 놀이를 해 보세요. 그리고 물체 모양과 그림자 모양을 비교 관찰하며 빛의 성질을 탐구해 보세요. 더 나아가 그림자 인형극을 표현할 때 디지털 매체 등 다양한 표현 재료와 용구를 활용하여 창의·융합적으로 표현할 수 있습니다.

수업 자료 및 학습 결과

그림자 인형극으로 표현하기

| 해와 달이 된 오누이 |

등장인물: 오빠, 동생, 호랑이, 어머니, 해설

해설: 옛날 어느 깊은 산골에 어머니와 오누이가 살았어.
어머니가 잔칫집에서 받은 떡을 들고 열 번째 고개를 넘을 때였어.
어머니: 이 떡을 보면 아이들이 얼마나 좋아할까?
호랑이: (큰 목소리로 놀래키며) 어흥! 떨 하나 주면 안 잡아먹지!
어머니: 살려주세요. 집에서 아이들이 기다리고 있어요.
호랑이: 그래? 떡을 못 주겠다면 너라도 잡아먹어야겠다.
어머니: 떡을 드릴 테니 제발 살려주세요. (떡을 하나 던져 준다.)
해설: 호랑이는 열한 번째 고개에서도 나타났어.
호랑이: (큰 목소리로 놀래키며) 어흥! 떡 하나 주면 안 잡아먹지!
어머니: 살려주세요. 집에서 아이들이 기다리고 있어요.
호랑이: 그래? 떡을 못 주겠다면 너라도 잡아먹어야겠다.
어머니: 떡을 드릴 테니 제발 살려주세요. (떡을 하나 던져 준다.)

대구성산초등학교 4학년 작품

| 강아지 똥 대본 | (글: 권정생 / 그림: 정승각)

해설: 돌이네 흰중이가 또을 눴어요. 골목길 담 밑 구석 쪽이에요. 흰둥이는 조그만 한 강아지니까 강아지 똥이에요. 어느 날 날아가던 참새 한 마리가 보더니 강아지 똥 곁에 내려앉았어요.

참새: (콕콕 쪼면서 얄미운 목소리로) 똥! 똥! 에그, 더러워.

똥: (화도 나고 슬퍼하는 목소리로) 뭐야! 내가 똥이라고? 더럽다고?

해설: 바로 저만치 소달구지 바퀏자국에서 뒹굴고 있던 흙덩이가 곁눈질로 흘끔 쳐다보고 빙긋 웃었어요.

강아지 똥: (매우 화가 난 목소리로) 뭣 땜에 웃니, 넌?

흙덩이: 똥을 똥이라 않고, 그럼 뭐라 부르니? 넌 똥 중에서도 가장 더러운 개똥이야!

강아지 똥: (서글픈 목소리로) 으앙~...

해설: 한참이 지났어요.

흙덩이: 강아지 똥아, 내가 잘못했어. 그만. 울지 마. 본래 나는 저쪽 산비탈 밭에서 곡식도 가꾸고 채소도 키웠지. 여름엔 보랏빛 감자 꽃도 피우고....

강아지 똥: 그런데 왜 여기 와서 뒹굴고 있니?

대구성산초등학교 4학년 작품

평가(채점) 기준표

성취 기준	[6과 02-02] 빛이 나아가는 현상을 관찰하여 빛이 직진, 반사, 굴절하는 성질이 있음을 말할 수 있다.	
평가 요소	빛의 성질과 관련지어 그림자가 생기는 까닭 설명하기	
평가 방법	관찰평가, 포트폴리오	
평가 기준	상	빛으로 만드는 그림자놀이에 흥미를 가지고 참여하며 그림자가 생기는 까닭을 구체적이고 정확하게 설명함.
	중	빛으로 만드는 그림자놀이에 흥미를 가지고 참여하며 그림자가 생기는 까닭을 설명함.
	하	빛으로 만드는 그림자놀이에 흥미를 가지고 참여하고 그림자가 생기는 까닭을 설명하려고 노력함.

관련 도서

창문을 열고 빛을 비추면	불을 꺼 봐요!	구글 Art & Culture
글 · 그림: 아이네 베스타드 키다리(2022)	글 · 그림: 리처드 파울러 보림(2021)	빛을 그린 사람들: 인상파 화가 모네/르느와르/드가/바지유/마네/세잔 등 작품
아름답고 신비한 빛을 비추며 보는 별자리 그림책이다. 반짝반짝 빛나는 별들 사이로 어떤 동물이 숨어 있을까? 창문을 열고 책장 뒷면에 빛을 비추면 마법처럼 동물이 나타난다.	그림자가 나타나는 원리를 생각하며 빛을 직접 비추어보자. 직접 만든 그림에 적용하여 새로운 그림자놀이 이야기를 만들어 볼 수 있다.	빛을 그린 사람들의 작품 속에서 빛과 그림자, 밝고 어두움을 관찰하며 밝고 어두움이 나타나는 이유와 빛이 비치는 방향에 따른 그림자의 모양 등을 설명할 수 있다.

수업 후기

아이들 이야기

- 책을 볼 때면 환하게 불을 켜는데 '불을 꺼 봐요' 책은 불을 꺼야 잘 보였다. 손전등을 가지고 비추어보니 풍경이 뒤의 배경에 나타나면서 그림자 놀이를 할 수 있었다. 그림자 인형극을 만들어서 표현하면 더 재미있을 것 같다.

- 운동장에 나가니 내 그림자가 보였다. 친구들과 그림자밟기 놀이를 하며 빛과 그림자는 친구라는 생각이 들었다.

- 빛이 벽이랑 멀리 떨어지면 그림자가 커지고, 빛이 벽에 가까이 있으면 그림자도 작아진다는 것을 그림자놀이를 통해서 알게 되었다. 내 예상과는 달라서 깜짝 놀랐다.

- '구글 Art & Culture'에 들어가서 인상주의 화가들의 작품을 감상하였다. 작품 속에서 빛과 그림자를 관찰해 보니 빛이 비치는 방향에 따라 그림자 모양이 다른 것을 알게 되었다.

선생님 이야기

- 그림자놀이와 함께 그림자 인형극으로 표현하기를 통해 빛의 성질에 대해 탐구하니 좀 더 깊이 있는 학습을 할 수 있었다.

- '구글 Art & Culture'에서 작품을 관찰하면서 빛과 그림자가 나타나는 이유와 빛이 비치는 방향에 따른 그림자의 모양에 대해 설명할 수 있게 되었다. 미술과 과학을 융합하여 지도할 수 있어서 좋았다.

- 그림자 인형극을 할 때 표현 방법을 교사가 바로 직접 제시하지 않고, 학생들이 그림자극을 다양한 방법으로 탐색하여 직접 발견하게 하는데 시간이 많이 걸렸다. 하지만 교육과정을 재구성하여 국어와 미술과 연계하여 시간을 확보할 수 있어 다행이었다.

- 학생들은 물체 모양만 그림자의 모양에 영향을 주고, 빛의 모양은 상관없다고 생각하고 있었다. 그림자 인형극을 통해 빛이 진행하는 경로에 물체가 존재할 때 광원의 모양에 따라 빛이 도달하는 지점과 그렇지 않은 지점이 어떻게 다른지 관찰하도록 해야겠다. 이를 통해 학생들이 빛의 진행과 그림자가 형성되는 과정을 좀 더 이해할 수 있게 해야겠다.

Ⅳ

그림책 활용 통합교과 수업

대구성산초 수석교사 김애자

그림책으로 통합교과 수업을 하면 뭐가 좋지?

학생들이 좋아하는 그림책을 수업의 출발점으로 선택함으로써 표준화된 교과서의 단점을 보완하고, 지역, 학교, 교실, 학생의 상황을 고려한 주제 중심 수업을 만들어 수업에 대한 부담감을 줄이고, 흥미롭게 수업을 시작할 수 있다.

초등학교 1, 2학년 학생들에게 다양한 주제의 그림책과 탐구 활동을 통하여 교과서 내용 중심, 교사 중심의 단편적인 학습에서 탈피하여 학습의 범위를 확장할 수 있다. 학습 과정에 있어서 교사와 학생이 함께 수업을 계획하고 구상하여 실행하는 전 과정에 학생들이 자발적으로 참여하여, 깊이 있는 학습을 위한 역량 함양에 도움이 된다. 특히, 주제 중심 통합교과 수업에서 그림책을 읽고 탐구 질문을 통해 문제를 해결하는 과정을 거치면서 배움과 삶이 하나 되는 즐거운 탐구 수업을 구현할 수 있다.

추석 명절은 어떤 날일까?

추석과 설날 비교하기

추석에도 세배할래요

글: 김홍신, 임영주
그림: 조시내
노란우산(2016)

변신 로봇을 몹시 좋아하는 민우는 자면서도 로봇 꿈을 꾸었다. 오늘은 추석. 민우는 설날에 어른들께 세배하고 세뱃돈을 받았던 일을 떠올린다. '세뱃돈으로 변신 로봇을 사야지!' 하고 생각한 민우는 차례를 지내고, 어른들께 절을 하지만 아무도 세뱃돈을 주지 않는다.

가을에 있는 추석 명절은 어떤 날일까?
추석에 하는 일은 무엇이고, 어떤 음식을 먹으며, 어떤 놀이를 할까?

수업 준비

BOOK RECIPE

이 책의 주인공 민우는 추석에도 세배하고 싶어 합니다. 민우의 추석 이야기를 통해 학생들은 조상과 가족으로부터 이어져 내려온 추석 명절의 의미를 알아볼 수 있습니다. 그리고 가을에 있는 추석에 먹는 음식과 하는 일을 알아보고, 추석에 대해 소개하는 활동을 할 수 있습니다.

관련 성취 기준

[바른 생활] [슬기로운 생활] 2022 성취 기준	[2바 02-02] 우리나라의 소중함을 알고 사랑하는 마음을 기른다. [2슬 02-02] 우리나라의 모습이나 문화를 조사한다.

수업 활동

읽기 전

수업 주제 및 그림책과 연결 짓는 이야기 나누기

1. 책의 제목을 보고 어떤 생각이 떠오르나요?
2. 추석 명절은 어떤 날일까요? 그리고 설날과 무엇이 다를까요?

읽기 중

질문으로 내용 파악하기

1. 오늘은 무슨 날인가요?
2. 추석날 아침에 민우는 무슨 일들을 했나요?
3. 민우는 차례를 끝나고 왜 어른들께 세배를 했나요?
4. 추석에는 무엇을 먹나요?
5. 민우는 보름달을 보며 어떤 소원은 빌었나요?

추석에 하는 일, 먹는 음식, 하는 놀이 탐구하기

1. 추석에 하는 일
2. 추석에 먹는 음식
3. 추석에 하는 놀이 등

BOOK RECIPE

'추석에도 세배할래요' 책의 제목을 보고 추석 명절에 대해 어떤 생각을 하는지 이야기를 나누어 볼 수 있습니다. 그리고 추석날 아침에 민우가 한 일을 살펴보고, 추석 명절에 하는 일과 먹는 음식, 하는 놀이를 알아볼 수 있습니다.

읽기 후

추석과 설날의 같은 점과 다른 점 탐구하기

1. 추석과 설날에 관련된 경험 이야기 나누기
2. 추석과 설날의 같은 점에 대해 이야기 나누기

〈보기〉 차례, 명절, 친척

① 우리 민족의 큰 (　　　)이다.　② 아침에 (　　　)를 지낸다.
③ 가족과 (　　　)이 모인다.

3. 추석과 설날의 다른 점(음식, 하는 일, 하는 놀이 등)에 대해 이야기 나누기
4. 추석과 설날을 비교하여 카드 놀이하기

카드 놀이하는 방법

① 나의 카드와 짝의 카드를 합친다.
② 카드를 모두 섞어 엎어 놓는다.
③ 순서를 정하여 카드를 두 장 뒤집는다.
④ 두 장이 모두 추석, 또는 설날 카드가 나오면 가져간다.
추석과 설날 카드가 섞여 있으면 다시 엎어 놓는다.
⑤ 카드를 모두 가져갈 때까지 계속한다.

5. 다른 나라의 추석 알아보기 (중국, 미국, 일본 등)

추석의 의미와 하는 일 탐구하기

1. 사진 자료를 보고 추석에 하는 일 찾기
2. 추석에 사람들이 하는 일을 통해 추석의 의미 찾기

추석 명절의 의미와 하는 일 소개하기

1. 추석 명절의 의미와 하는 일 소개하기
2. 추석 명절에 대해 잘 소개한 친구를 찾아 칭찬하기
3. 추석 명절의 의미에 대해 탐구하고 알게 된 점, 느낀 점 나누기

BOOK RECIPE

추석 명절에 친척과 함께 모이지 않거나 차례를 지내지 않는 가족도 있습니다. 이런 학생들을 위해 추석에 대해 일방적으로 지식을 전달하기보다 가을에 있는 추석의 의미를 찾아보고, 가족과 함께 정을 나누고 풍요로움에 대해 감사할 줄 아는 행복한 추석을 보낼 수 있도록 지도합니다.

수업 자료 및 학습 결과

추석과 설날 비교하기

※ 추석은 어떤 날일까요? 추석과 설날의 같은 점과 다른 점을 찾아봅시다.

1. 추석과 설날의 같은 점

〈보기〉 차례, 명절, 친척

① 우리 민족의 큰 (　　)이다.　　② 아침에 (　　)를 지낸다.

③ 가족과 (　　)이 모인다.

2. 추석과 설날의 다른 점

	추석	설날
날짜	음력 월 일	음력 월 일
계절		
음식		
하는 일		
하는 놀이		

3. 추석은 어떤 날인지 소개하여 봅시다.

| 추석 소개하기 |

대구성산초등학교 1학년 유튜브 자료

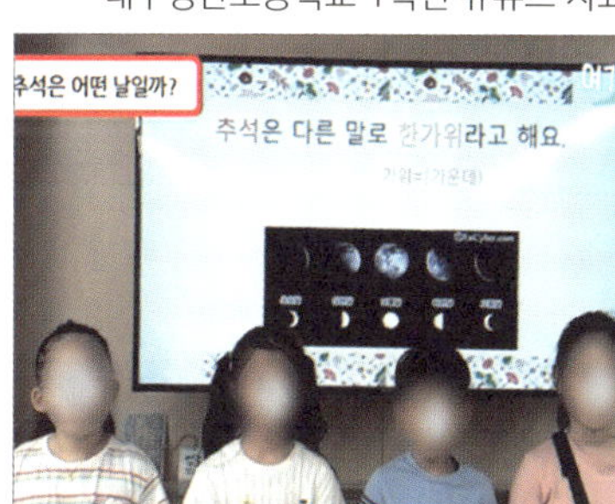

| 딱지치기 |

| 한복 디자인하기 |

| 사물 놀이하기 |

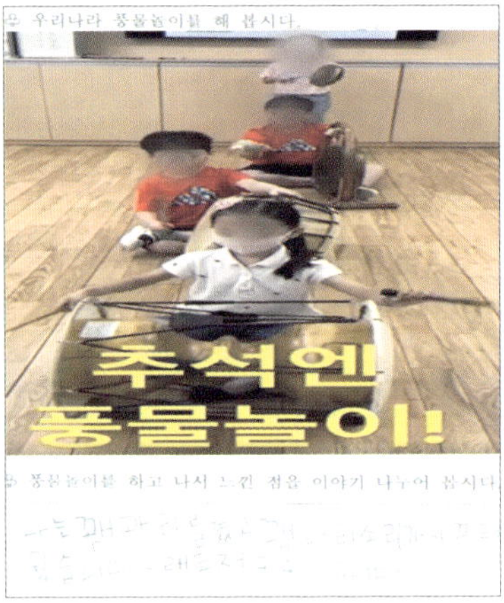

| 추석 상차림 만들기 |

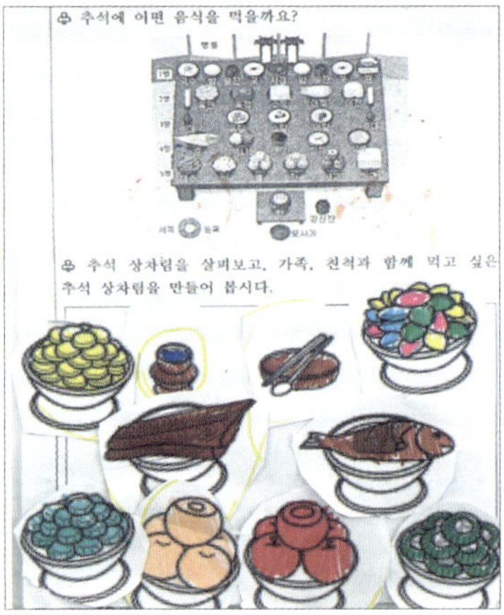

| 추석과 설날 비교하기 |

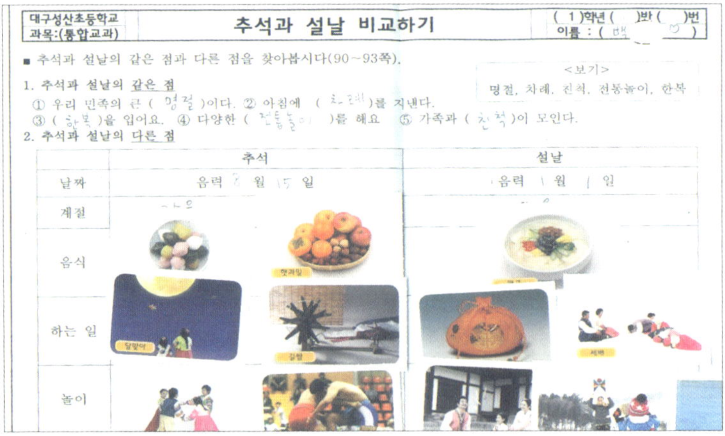

대구성산초등학교 과목:(통합교과)	추석과 설날 비교하기	(1)학년 ( )반 ( )번 이름 : ( )

■ 추석과 설날의 같은 점과 다른 점을 찾아봅시다(90~93쪽).

<보기> 명절, 차례, 친척, 전통놀이, 한복

1. 추석과 설날의 같은 점
① 우리 민족의 큰 (명절)이다. ② 아침에 (차례)를 지낸다.
③ (한복)을 입어요. ④ 다양한 (전통놀이)를 해요 ⑤ 가족과 (친척)이 모인다.

2. 추석과 설날의 다른 점

	추석	설날
날짜	음력 8 월 15 일	음력 1 월 1 일
계절		
음식	햇과일	
하는 일	달맞이, 길쌈	세배
놀이		

평가(채점) 기준표

성취 기준	[2슬 02-02] 우리나라의 모습이나 문화를 조사한다.	
평가 요소	추석의 의미와 하는 일을 소개하기	
평가 방법	관찰평가, 학습지 결과물	
평가 기준	상	추석과 설날의 비교하고 추석의 의미와 하는 일을 자세하게 소개함.
	중	추석과 설날의 비교하고 추석에 대해 간단히 소개함.
	하	추석의 의미와 하는 일을 소개하는 것을 어려워함.

관련 도서

솔이의 추석 이야기	달이네 추석맞이	가을을 파는 마법사
글 · 그림: 이억배 길벗어린이(1995)	글 · 그림: 선자은 푸른숲주니어(2013)	글: 이종은 그림: 류은형 노루궁뎅이(2017)
추석날, 솔이네는 살던 도시를 떠나 할머니 집으로 가서 추석을 지낸다. 할머니가 계신 가을 들판의 모습과 솔이의 추석이야기를 통해 추석 명절의 의미를 탐구해 볼 수 있다.	추석을 맞아 할머니 댁에 모인 달이네 가족에게 벌어지는 추석 이야기이다. 풍성하고 즐거운 추석의 모습과 풍속, 그 속에 담긴 문화를 알아볼 수 있다.	가을이면 노랗고 빨갛게 단풍이 들고, 들판에는 오곡백과가 무르익는다. 우리가 상상하는 가을 마법사의 모습을 떠올리며 가을이 어떻게 오는지 탐구할 수 있다.

수업 후기

아이들 이야기

- '나도 추석에 세배하고, 세뱃돈 받아야지.'라고 생각했다. 그런데 책을 읽고 친구들과 이야기를 나누어 보니, 세배는 음력 1월 1일인 설날에 한다는 것을 알게 되었다.

- 친구들과 함께 민속놀이 하는 것이 너무 재미있었다. 내 딱지가 넘어갈 때 조마조마했다. 그런데 어떻게 하면 딱지를 잘 칠 수 있을까? OO이는 딱지를 너무 잘 쳐서 깜짝 놀랐다. 나도 아빠랑 잘 안 넘어가는 딱지를 만들어서 친구랑 딱지치기를 다시 해야겠다.

- 가을에 나는 햇과일과 햇곡식을 가지고 차례 상차림을 차렸다. 친구들과 함께 차례상을 차리고, 차례를 지내는데 마음이 이상했다. 이번 추석에는 가족과 함께 조상과 자연에게 감사하는 마음으로 절을 해야겠다. 그리고 아빠랑 성묘도 가야겠다.

- 추석 명절이 어떤 날인지 배우고 난 후, 민우와 주디스(원어민 선생님)에게 추석을 소개하는 영상을 찍어서 너무 재미있었다.

선생님 이야기

- 추석 명절에 친척과 함께 모이지 않고 차례를 지내지 않는 가족이 많이 있다. 오늘날 추석은 학생들에게 어떤 날일까? '추석에도 세배할래요'를 읽고, 추석 명절의 진정한 의미를 찾는 시간을 가져보았다.

- 교사와 학생들이 함께 배움 계획을 설계하였다. 학생들이 하고 싶어 하는 활동 중에서 민속놀이를 먼저 하였다. 1주일 내내 딱지치기, 사방치기, 윷놀이, 제기차기를 하면서 즐겁게 추석을 맞이하였다. 하지만 개학하고 민속놀이를 1주일 동안 하고 나서 교실 분위기가 어수선해서 아쉬웠다. 그리고 학생들이 하기 쉽게 민속놀이 방법을 새롭게 바꾸어 보는 활동을 해보면 좋을 것 같다.

- 가을에 왜 추석이 있을까? 학생들에게 질문을 하니 가을에는 다양한 열매가 많이 있기 때문이라고 답을 이야기하였다. 가을에 나는 햇곡식과 햇과일 그림으로 간단하게 차례 상차림을 만들고 차례를 지냈다. 학생들은 절하는 법을 배웠다고 좋아하였다. 이번 추석에는 가을의 풍요로움에 감사함을 느끼며 지낼 수 있도록 가정과 연계하여 지도해야겠다.

가족의 진정한 의미는 무엇일까?

다양한 가족의 형태와 문화 탐구하기

이웃집에는 어떤 가족이 살까?

글: 유다정
그림: 오윤화
위즈덤하우스(2012)

길고양이 '미오'는 다른 고양이들처럼 사랑을 듬뿍 받을 수 있는 가족을 찾아가기로 결심했다. 그리고 동네에 있는 집들을 차례차례 찾아간다. 부모가 맞벌이하는 가족, 식구가 많은 대가족, 부모의 국적이 다른 가족, 엄마와 단 둘이 사는 가족, 입양 가족, 조손 가족 등.

우리 주변에는 어떤 가족들이 살고 있을까?
이웃집 가족은 우리 가족과 어떻게 다를까?

수업 준비

BOOK RECIPE

이 책은 길고양이 '미오'와 함께 점점 다양해지는 가족의 형태를 들여다 볼 수 있는 이야기입니다. '다양한 가족'을 학습 주제로 하여 점점 다양해지는 가족의 유형을 사실적이고 유쾌하게 그려내고 있습니다. 이 책을 통해 가족이나 주변 사람들의 모습을 탐구하고 함께 소통하며 어울려 사는 방법을 알 수 있습니다.

관련 성취 기준

[바른 생활] [슬기로운 생활] [즐거운 생활] 2022 성취 기준	[2바 01-03] 가족이나 주변 사람을 배려하며 관계를 맺는다. [2슬 01-03] 가족이나 주변 사람에게 관심을 갖고 함께 살아가는 모습을 탐구한다. [2즐 01-03] 가족이나 주변 사람과 소통하며 어울린다.

수업 활동

읽기 전

주제와 관련지어 이야기 나누기

1. 제목으로 보아 이웃집에는 어떤 가족이 살까요?
2. 우리 가족은 어떻게 이루어져 있나요?
3. 가족이란 무엇일까요?

읽기 중

질문으로 내용 파악하기, 생각 나누기

1. 이웃집에는 어떤 가족이 살고 있나요?
2. 다양한 가족들의 생활하는 모습은 어떠한가요?
3. 미오는 어떤 가족을 선택하면 좋을까요? 그 이유는 무엇일까요?

다양한 가족의 형태와 문화(구성원의 모습과 생활모습) 탐구하기

1. 다양한 가족의 형태: 맞벌이 가족, 다문화 가족, 입양 가족, 조손 가족 등
2. 가족 구성원이 하는 일(역할)
3. 다양한 가족의 살아가는 모습(문화)

BOOK RECIPE

우리 주변을 살펴보면 가족의 형태가 점점 다양해지고 있는 것을 볼 수 있습니다. 하지만 부부를 중심으로 자녀가 있는 핵가족의 형태만 긍정적으로 바라보고, 점점 다양해지는 가족의 유형에 대해서는 부정적인 시선을 가지고 있습니다. 이 수업을 통해 우리 주변의 다양한 형태의 가족을 학생들이 선입견 없이 받아들이고, 가족의 진정한 의미가 무엇인지 생각해 보도록 지도합니다.

● 읽기 후

우리 가족 소개하기

1. 우리 가족의 모습(구성 및 관계) 살펴보기
2. 우리 가족의 특징을 소개하기
3. 나에게 가족은 어떤 의미인지 생각하고 이야기 나누기

우리 주변 가족의 형태와 문화 조사하기

1. 우리 가족의 문화 조사하기
2. 주변 가족의 형태와 문화 비교하기
   (즐겨 먹는 음식과 입는 옷, 그리고 하는 일 등)
3. 가족의 형태와 문화가 비슷한 점과 다른 점 비교하기 (무리 짓기)
4. 가족의 형태와 문화가 다르지만 똑같은 것 찾아보기
5. 가족이란 무엇인지 말해 보기

나에게 가족은 (　　　　　)이다. 왜냐하면 (　　　　　　　) 때문이다.

가족이나 주변 사람과 소통하며 어울릴 수 있는 방법 알아보기

1. 소통하며 어울리고 싶은 사람 선택하기
2. 주변 사람과 소통하며 어울릴 수 있는 방법 찾아보기
3. 소통하며 어울리고 싶은 사람에게 전하고 싶은 말 쓰기
4. 가족과 주변 사람을 탐구해 봄으로써 알게 된 점, 느낀 점 나누기

BOOK RECIPE

주변에서 볼 수 있는 가족의 형태와 문화가 다양함을 이해하게 합니다. 그리고 세상의 다양한 가족과 함께 소통하며 어울려 살아가기 위해 어떻게 해야 하는지 이야기를 나누면서 다양한 가족의 문화를 존중하는 태도를 가질 수 있도록 지도합니다.

수업 자료 및 학습 결과

우리 가족 소개하기

1. 우리 가족은 어떤 특징이 있을까?

2. 주변의 다양한 가족에 대해 조사한 내용을 써 봅시다.

항목		조사내용
누구네 가족인가요?		
가족 구성원은 누구누구인가요?		
생활 모습은 어떠한가요?	즐겨 먹는 음식	
	좋아하는 일	
	자주 하는 일 등	
비슷한 점과 다른 점은?		

3. 나에게 가족은 무엇일까요?

| 다양한 가족의 형태 알아보기 |

| 다양한 가족의 생활 모습 살펴보기 |

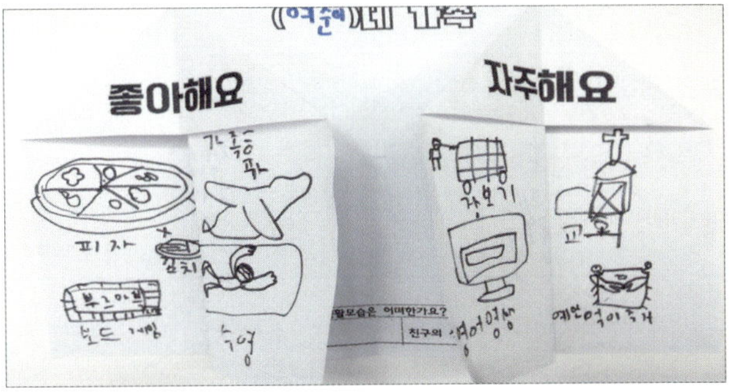

| 가족의 진정한 의미 알아보기 |

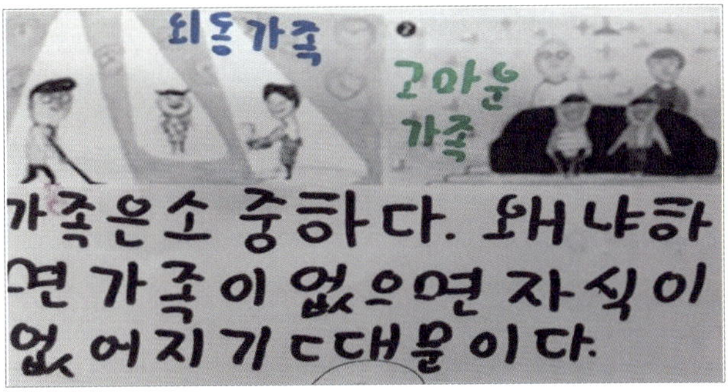

| 더 나아가기: 살고 싶은 집 만들기 |

1모둠 - 우리 집은 쉼터

2모둠 - 우리 집은 놀이터

3모둠 - 우리 집은 편리해!

4모둠 - 우리 가족은 건강맨

5모둠 - 우리 집은 최신식

6모둠 - 우리 집은 즐거워!

평가(채점) 기준표

성취 기준	[2슬 01-03] 가족이나 주변 사람에게 관심을 갖고 함께 살아가는 모습을 탐구한다.	
평가 요소	가족이나 주변 사람들의 살아가는 모습 탐구하기	
평가 방법	관찰평가, 자기평가	
평가 기준	상	가족이나 주변 사람에게 관심을 가지고 함께 살아가는 모습을 탐구하고 탐구한 내용을 구체적으로 설명함.
	중	가족이나 주변 사람에게 관심을 가지고 함께 살아가는 모습을 탐구하고 탐구한 내용을 설명함.
	하	가족이나 주변 사람들이 함께 살아가는 모습을 탐구하여 설명하려고 노력함.

관련 도서

모든 가족은 특별해요	우리 가족 만나볼래?	근사한 우리 가족
글 · 그림: 토드 파 문학동네(2005)	글 · 그림: 율리아 귈름 후즈갓마이테일(2017)	글 · 그림: 로랑 모로 로그프레스(2014)
다양한 형태의 가족이 등장하는 이야기. 서로 다른 가족의 모습을 통해 삶의 다양성을 배우고, 타인에 대한 배려와 이해심이 필요함을 알 수 있게 해 준다.	우리 주변의 다양한 가족의 모습을 긍정적이고 유쾌하게 동물들로 표현하고 있다. 다양한 가족의 모습과 함께 진정한 가족의 의미를 생각해 볼 수 있다.	주인공 소녀가 독자들에게 자기 가족과 주변 사람들을 소개한다. 소녀의 시선에서 보면 가족 모두 근사한 동물로 보인다. 학생들 가족의 특성과 함께 가족의 의미를 이야기해 볼 수 있다.

수업 후기

아이들 이야기

- 우리 가족의 모습 소개하는 것이 재미있었다. 우리 가족은 5명인데 항상 떠들썩하다. 친구의 가족은 3명인데 엄마가 다른 나라에서 왔다고 한다. 엄마가 자주 베트남 음식을 해 준다고 한다. 그리고 6살 때 외할머니가 계신 베트남에 여행을 다녀왔다고 한다. 참 좋겠다.

- 가족은 무엇일까? 생각해 보니, 가족은 나에게 힘이 되는 존재이다. 왜냐하면 부모님은 항상 나를 응원해 주시기 때문이다.

- 내가 소통하며 함께 어울리고 싶은 가족은 OO네 가족이다. 주말마다 여행을 가기 때문이다. 우리 부모님은 맞벌이여서 주말에는 피곤하신지 주로 집에서 잠을 자거나 쉰다. 나도 친구네 가족처럼 주말마다 여행을 가고 싶다.

- 주변의 다양한 가족을 만나서 살아가는 모습에 대해 이야기를 나누어 보니 우리 주변에는 나와 비슷한 가족도 있고, 나와 다른 가족이 있다는 것도 알게 되었다. 주변 사람들과 함께 살아가기 위해 서로 다름을 존중해야겠다.

선생님 이야기

- 그림책 '이웃집에는 어떤 가족이 살까?'를 통해 점점 다양해지는 가족의 유형을 재미있게 들여다볼 수 있었다. 특히, 미오가 찾아간 일곱 가족 이야기를 통해 교실에서 쉽게 말하지 못하는 조손 가족, 한 부모 가족, 입양 가족, 다문화 가족 등 가족의 형태를 쉽게 이해하게 할 수 있었다.

- 서로 다른 가족의 모습을 통해 가족 형태의 다양성을 배울 수 있었다. 하지만 학생들에게 모든 가족의 형태를 있는 그대로 편견 없이 바라보도록 지도하는 것이 쉽지는 않았다.

- 나와 가족의 특징을 찾아 동물로 쉽게 표현하게 하였다. 이를 통해 가족 안에서 현재 심리적 갈등을 알 수 있어, 마음 나누기 활동으로도 활용하였다.

동네 사람들은 어떤 일을 할까?

동네 사람들이 하는 일 탐구하기

밤을 지키는 사람들

글: 신순재
그림: 한지선
창비(2014)

모두가 잠든 한밤중에도 일하는 사람들이 있다. 세상을 움직이는 사람들을 만나보자. 이 작품은 영두와 고모가 한밤중에 벌이는 추격전을 통해 환경미화원, 경찰, 도로 보수원 등 밤에 일하는 사람들의 삶과 생생한 현장을 만나는 책이다.

동네 사람들은 밤에 어떤 일을 할까?

동네 사람들이 하는 일과 나의 일상 속의 편리와 안전한 생활과는 어떤 관계가 있을까?

수업 준비

BOOK RECIPE

밤에 일하는 사람들의 삶과 생생한 직업 현장을 통해 '관계'를 배울 수 있습니다. 자신의 일에 최선을 다하며 살아가는 이웃들의 삶을 통해 우리가 살고 있는 마을과 사람들이 생활하는 모습을 살펴보고, 새로운 시선으로 이웃 사람들을 바라보게 할 수 있습니다.

관련 성취 기준

[바른 생활] [슬기로운 생활] 2022 성취 기준	[2바 02-01] 공동체에서 내가 할 수 있는 일을 찾아보고 실천한다. [2슬 02-01] 우리가 살고 있는 마을과 사람들이 생활하는 모습을 살펴본다.

수업 활동

읽기 전

수업 주제 및 그림책과 연결 짓는 이야기 나누기

1. 표지에 어떤 것들이 보이나요?
2. 책의 제목을 보고 어떤 생각이 떠오르나요?
3. 밤을 지키는 사람들을 본 경험이 있나요?

읽기 중

질문으로 내용 파악하기

1. 밤을 지키는 사람들은 누구누구인가요?
2. 그분들이 하는 일은 무엇인가요?
3. 그분들이 일을 할 때 어떤 어려운 점이 있나요?
4. 그분들은 어떤 마음가짐이나 태도로 일을 했나요?
5. 동네에 밤을 지키는 사람들이 있어서 좋은 점은 무엇인가요?

밤을 지키는 사람들이 하는 일, 직업 살펴보기

1. 경찰 아저씨가 하는 일
2. 환경미화원이 하는 일
3. 도로 보수원이 하는 일
4. 119 소방관이 하는 일 등

BOOK RECIPE

그림책 등장인물을 통해 우리 동네에서 밤을 지키는 사람과 그들이 하는 일을 살펴볼 수 있습니다. 그리고 밤을 지키는 사람들이 없으면 어떻게 될지 이야기를 나누고, 동네 사람들이 하는 일과 나의 생활과는 어떤 관계가 있는지 이해할 수 있도록 지도합니다.

읽기 후

우리 마을 사람들이 하는 일, 직업 조사 내용 발표하기

1. 일과 직업에 대해 궁금한 점 생각하기
2. 마을 사람들이 하는 일과 직업 조사 계획 세우기
3. 마을 사람들과 인터뷰하기
4. 마을 사람들과 인터뷰한 내용 정리하기
5. 마을 사람들이 하는 일과 직업 발표하기

우리 마을 사람들이 하는 일, 직업 놀이하기

1. 직업 놀이에 필요한 도구 및 물건 생각 나누기
2. 필요한 도구나 물건 준비하거나 만들기
3. 직업 체험장 꾸미기
4. 직업 체험 방법 알아보고 모둠별 체험 순서 정하기
5. 팀별로 직업 놀이하기
6. 직업 체험 후 느낀 점 이야기 나누기

직업 놀이하기

〈미용실-미용사〉

미용 가운 주기→원하는 머리 모양 묻기→머리 다듬기→계산하기

〈분식-요리사〉

주문받기→주문서 주방에 전달하기→요리하기→음식 드리기

→계산하기→빈 식탁 정리하기

그 외 경찰서(경찰관), 편의점(직원), 빵집(빵 만드는 사람), 병원(의사) 등

우리 마을을 위해 내가 할 수 있는 일 계획하기

1. 살기 좋은 우리 마을을 위해 내가 할 수 있는 일에 대해 이야기 나누기
2. 살기 좋은 우리 마을을 위해 내가 할 수 있는 일의 실천 계획 세우기
3. 살기 좋은 우리 마을을 위해 내가 할 수 있는 일 실천하기
4. 살기 좋은 우리 마을을 모형으로 만들기
5. 마을 사람들에게 감사한 마음을 전하는 편지나 영상 만들기

BOOK RECIPE

우리 마을 사람들이 하는 일을 조사하기 전에 교통안전 수칙과 마을 탐방 시 지켜야 할 약속을 미리 정합니다. 또한 직업 놀이를 계획 준비 운영하며, 마을의 여러 가지 직업을 체험하는 과정을 통해 즐겁게 일하는 법을 배우고, 일의 보람을 함께 느낄 수 있도록 합니다. 현장체험학습과 연계해도 좋습니다.

수업 자료 및 학습 결과

마을 사람들이 하는 일 조사하기

1. 조사 계획을 세워요.

조사 날짜	년 월 일
만날 사람	
찾아갈 곳	
준비물	

2. 어떤 질문을 할까요?

질문 1	어떤 일을 하시나요?
질문 2	가장 보람을 느끼실 때는 언제인가요?
질문 3	어려운 점은 어떤 것들이 있으신가요?
질문 4	

3. 알게 된 내용과 느낀 점을 이야기 나누어 봅시다.

| 마을 사람들이 하는 일 조사하기 |

| 마을 사람들이 하는 일 체험하기 |

| 더 나아가기: 살기 좋은 우리 마을 만들기 |

노인들을 위한 산책길!
쉼이 있는 우리 동네

초, 중, 고등학교가 함께 있어
좋은 교육이 있는 우리 동네

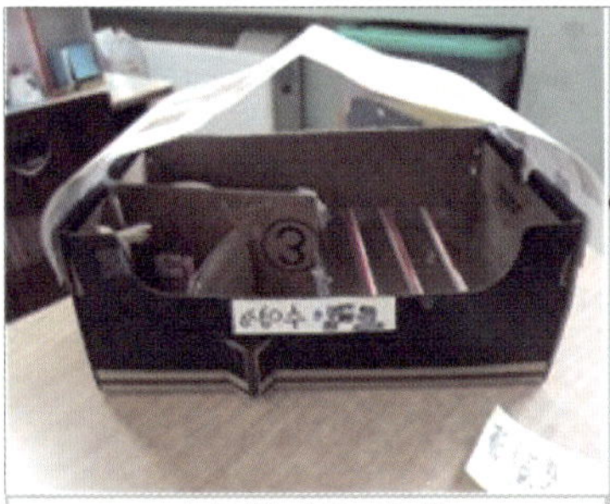

초등학생을 위해
아파트 옥상에 수영장이 있는
즐거운 우리 동네

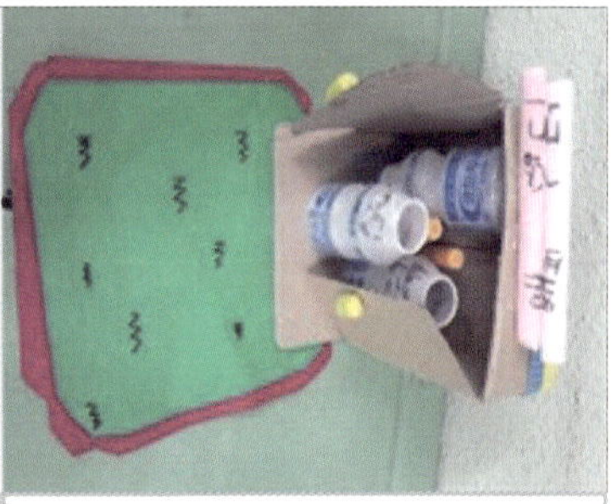

가족과 함께 쉴 수 있는 공원!
아름다운 우리 동네

누구나 어디에서나 편리하게
스마트한 우리 동네

내가 좋아하는 것을 할 수 있게
도와주는 맞춤형 시설이 있는 동네

평가(채점) 기준표

성취 기준	[2슬 02-01] 우리가 살고 있는 마을과 사람들이 생활하는 모습을 살펴본다.	
평가 요소	우리 마을 사람들이 하는 일 조사하기	
평가 방법	관찰평가, 학습지 결과물	
평가 기준	상	마을 사람들이 하는 여러 가지 일을 자세하고 구체적으로 조사하여 발표함.
	중	마을 사람들이 하는 여러 가지 일을 조사하여 발표함.
	하	마을 사람들이 하는 여러 가지 일에 대한 조사 및 발표 내용이 부족함.

관련 도서

우리 동네 행복한 직업	우리 동네 한바퀴	어슬렁 어슬렁 동네 관찰기
글: 노지영 그림: 유설화 위즈덤하우스(2016)	글 · 그림: 정지윤 웅진주니어(2011)	글 · 그림: 이해정 웅진주니어(2012)
네 명의 아이들이 각자 동네 곳곳을 돌아다니며 140여 가지 직업이 소개한다. 직업마다 필요한 적성이나 그 직업을 갖는 방법, 하는 일에 대해서 명확히 알려준다.	우리 동네는 준구 가족에게 식구들이 살아가는 소중한 보금자리이다. 동네에서 이웃과 함께 서로 관심을 가지며 더불어 살아가는 모습을 살펴볼 수 있다.	그림책 화가가 새로 이사 온 동네를 돌아다니며 구석구석 관찰한 모습을 담은 그림책이다. 우리 동네의 모습을 기록하고 관찰한 이야기를 통해 동네를 새롭게 바라볼 수 있다.

수업 후기

아이들 이야기

- 내가 자주 가는 곳에서 일하는 사람들이 하는 일이 나의 생활에 큰 도움이 된다는 것을 알게 되었다. 만약 그 사람들이 없다면, 나의 생활이 많이 불편할 것이다.

- 우리 마을에서 음식점을 하는 사람들을 인터뷰하면서 그분들이 일을 할 때 가장 보람을 느끼는 것이 장사가 잘 될 때이고, 어려울 때는 장사가 잘 되지 않을 때라는 것을 알게 되었다. 장사가 잘 되어 돈을 많이 버는 방법은 무엇인지 궁금하다.

- 우리 마을에서 일을 하는 사람들이 사라진다면 어떻게 될까? 앞으로 동네 사람들을 만나면 감사하다고 인사해야겠다.

- 밤을 지키는 사람들인 경찰 아저씨와 환경미화원 아저씨와 도로 보수원, 119 소방관이 하는 일을 알게 되었다. 그리고 그들이 하는 일과 나의 안전한 생활과 관계가 있다는 것을 알게 되었다.

- 우리 마을 사람들이 하는 일, 직업 놀이를 통해 나의 미래의 꿈에 대해 생각하게 되었다. 그리고 살기 좋은 우리 마을을 만들기 위해 내가 할 수 있는 일을 찾아 조금씩 실천해야겠다고 다짐했다.

선생님 이야기

- 학생들은 그림책 '밤을 지키는 사람들'을 읽고 질문을 하면서 우리 마을 사람들이 하는 일을 탐구하였다. 이를 통해 학생들은 자신이 속한 우리 마을 공동체에 관심을 가지고, 주변의 모습을 새로운 시선으로 바라볼 수 있게 되었다.

- 마을 사람들이 하는 일, 직업 놀이를 통해 학생들이 다양한 직업의 세계를 이해하고, 일의 소중함을 느끼게 하였다. 그러나 직업 체험활동으로 현장 체험학습이나 가정학습과 연계하고 내가 좋아하는 일과 잘하는 일을 살펴보는 진로 교육으로 연계하여 지도하지 못해 아쉬웠다.

- 마을 모습을 탐구하는 것에서 더 나아가 우리 동네의 불편한 점에 대해 생각을 나누면서 살기 좋은 마을 만들기를 모형으로 만들어 보았다. 우리 마을의 불편한 점을 찾아 개선하는 활동을 하면서 더 좋은 세상 만들기에 학생들이 참여할 수 있어서 좋았다.

바다를 어떻게 지킬 수 있을까?

바다 지킴이가 되어 물가 친구 도와주기

할머니의 용궁 여행

글 · 그림: 권민조

천개의바람(2020)

아윤이의 할머니는 경상도 바닷가 마을의 해녀이다. 해녀 할머니는 광어를 도와주려다 으리으리한 용궁에 도착해서 코에 플라스틱 빨대가 박혀있는 용왕 거북의 모습을 보고 플라스틱으로 고통받는 바다 동물을 치료하고 돌아온다.

바다에는 어떤 동식물이 살고 있을까?

수많은 바다 생물들이 살고 있는 바다는 어떤 문제에 처해 있고, 우리는 그 문제를 어떻게 해결할 수 있을까?

수업 준비

BOOK RECIPE

이야기 속 아윤이 할머니는 해녀입니다. 할머니가 재활용 마크와 장갑을 끼고 바다 속에서 플라스틱 때문에 고통받는 동물들을 치료하는 이야기를 통해 바다 쓰레기의 문제가 얼마나 심각한지 관심을 가지고, 지구를 위해 우리가 할 수 있는 일을 스스로 찾아 탐구하고 실천할 수 있습니다.

관련 성취 기준

[바른 생활] [슬기로운 생활] 2022 성취 기준	[2바 03-04] 공동체 속에서 지속가능성을 위한 삶의 방식을 찾아 실천한다. [2슬 03-04] 우리의 생활과 관련된 지속가능성의 다양한 사례를 찾고 탐색한다.

수업 활동

읽기 전

수업 주제 및 그림책과 연결 짓는 이야기 나누기

1. 바다에는 어떤 동식물이 살고 있을까요?
2. 할머니의 가슴에 있는 마크는 무슨 뜻일까요?
3. 할머니는 용궁 여행에서 어떤 일을 할까요?

읽기 중

질문으로 내용 파악하기

1. 해녀는 바다에서 무슨 일을 하나요?
2. 용왕인 거북이는 왜 할머니에게 간을 달라고 했나요?
3. 바다 동물들에게 무슨 일이 일어났나요?
4. 할머니는 바다 동물을 어떻게 도와주었나요?
5. 바다 동물들에게 왜 이런 일들이 일어났나요?
6. 할머니는 어떤 약속을 하고 집으로 돌아올 수 있었나요?

바다에 사는 동식물 친구 도와주는 방법 탐구하기

1. 플라스틱 빨대가 박혀있는 용왕 거북이를 도와줄 수 있는 방법
2. 배 속 가득 쓰레기가 있는 고래를 도와줄 수 있는 방법
3. 페트병, 비닐장갑이나 비닐봉지를 뒤집어쓰고 있는 물고기를 도와줄 수 있는 방법
4. 미세 플라스틱을 먹은 물고기와 새우, 그물에 묶인 물개 등을 도와줄 수 있는 방법

BOOK RECIPE

그림책을 읽는 중간 중간 학생들이 바다에 사는 동물들에게 무슨 일이 일어났는지 확인하고, 바다 쓰레기의 문제가 얼마나 심각한지 관심을 가지게 합니다. 나아가 바다 생물들의 고통이 결국 우리 인간에게도 돌아오고 있음을 이해하고, 지구를 위한 내가 할 수 있는 일을 계획하고 실천할 수 있도록 지도합니다.

읽기 후

지금 - 여기 - 우리의 바다의 모습 탐색하기

1. 증강현실(AR)앱을 활용하여 바다 동물의 모습 관찰하기
2. 쓰레기로 고통받는 동식물의 사례 조사하기
   - 바다 동식물의 상황, 고민, 행동, 어려움 등
3. 바다에 사는 동·식물 중 가장 공감되고 돕고 싶은 생물 선정하기
4. 바다 동·식물을 위해 내가 할 수 있는 일에 대해 이야기 나누기
5. 바다 동물들의 마음을 생각하며 홍보 안내판 만들기
   - 플라스틱 쓰레기 문제 해결 방법에 대해 이야기 나누기
   - 플라스틱 쓰레기를 줄이기 위한 홍보 안내판 만들기 (표어, 포스터, 노래 등)
6. 환경오염을 줄이는 지구를 위한 우리의 약속 캠페인하기

지속 가능한 삶의 방식을 찾아 홍보하기

1. 지속 가능한 삶의 방식 찾기
2. 다양한 방법으로 캠페인 홍보하기

지속 가능한 삶의 방식 알아보기

① 플라스틱을 줄일 수 있는 방법 알아보기
② 집이나 교실에 있는 플라스틱을 재활용하는 방법 알아보기
③ 안전과 안녕을 위하여 우리의 삶 속에서 지속 가능한 삶의 방식 알아보기

지속 가능한 삶의 방식 스스로 실천하기

1. 집이나 교실에 있는 다양한 플라스틱 조사하기
2. 버려지는 플라스틱 쓰레기로 리사이클링 작품 계획하기
3. 재활용품을 활용한 리사이클링 작품 만들기

BOOK RECIPE

주제를 마무리하며 학생들은 해양 오염 문제 외에도 기후 변화, 에너지 문제, 질병, 전쟁, 기아 등 범지구적인 문제에 대해 개별적으로 찾아보고 친구들과 공유하도록 합니다. 이를 통해 지속 가능한 삶의 방식을 찾아 스스로 실천할 수 있도록 지도합니다.

수업 자료 및 학습 결과

지속 가능한 삶의 방식 찾기

1. 바다에 사는 동·식물에게 어떤 일이 일어났나요?

일어난 일	이유

2. 환경오염에 고통받고 있는 바다 동식물들의 마음을 생각하며 지속 가능한 삶의 방식을 홍보하는 안내판을 만들어 봅시다.

가. 집이나 교실에 있는 플라스틱은 어떤 것들이 있나요?
나. 버려진 플라스틱이 사라지는 데 걸리는 시간은 500년! 이제 우리는 무엇을 해야 하나요?
다. 환경오염에 고통받고 있는 동물들의 마음을 생각하며, 지속 가능한 삶의 방식을 홍보하는 안내판을 만들어 봅시다.

| 가상현실 앱으로 바다 속 동물 관찰하기 |

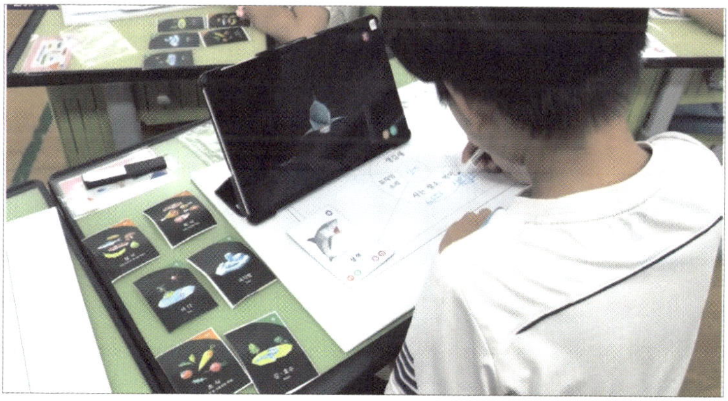

| 지속 가능한 삶의 방식 실천하기 |

| 리사이클링 작품 |

| 환경 보호 캠페인 |

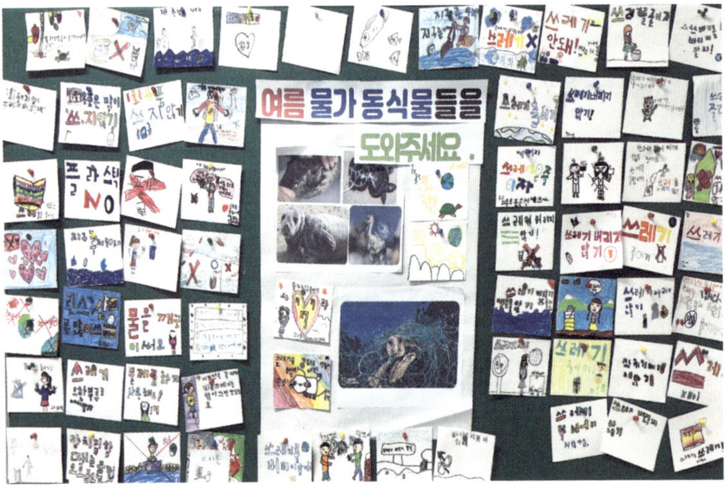

평가(채점) 기준표

성취 기준	[2바 03-04] 공동체 속에서 지속가능성을 위한 삶의 방식을 찾아 실천한다. [2슬 03-04] 우리의 생활과 관련된 지속가능성의 다양한 사례를 찾고 탐색한다.	
평가 요소	바다에 사는 생물들을 도와줄 수 있는 방법을 계획하고 실천하기	
평가 방법	관찰평가, 자기평가	
평가 기준	상	바다에 사는 생물들을 도와줄 수 있는 실천 방법을 구체적으로 찾아 적극적으로 실천함.
	중	바다에 사는 생물들을 도와줄 수 있는 실천 방법을 찾아 실천함.
	하	바다에 사는 생물들을 도와줄 수 있는 방법을 찾으나 실천하기 어려워함.

관련 도서

상자 세상	달샤베트	플라스틱 섬
글: 윤여림 그림: 이명하 천개의바람(2020)	글 · 그림: 백희나 책읽는곰(2014)	글 · 그림: 이명애 상출판사(2020)
더 빨리 소비하는 삶에 익숙한 사람들에게 상자들이 보내는 이야기이다. 한 번 쓰고 버려지는 상자와 그 상자에 담겼던 많는 것들에 대해 생각하며 과소비, 쓰레기, 환경 등의 이야기를 나눌 수 있다.	어느 무더운 여름날, 에어컨과 선풍기와 냉장고가 뿜어낸는 열기가 가득하다. 날이 더워지면 우리는 어떻게 살아가야 할까? 지구를 위해 우리가 무엇을 해야 하는지 계획을 세워 실천할 수 있다.	인간이 만들어 낸 플라스틱 섬에서 살아가는 바닷새가 바라본 우리 주변의 환경 이야기이다. 바닷가에 버려진 쓰레기뿐만 아니라 사람들에게 닥쳐올 해양 환경 오염의 심각성에 대해 이야기를 나눌 수 있다.

수업 후기

아이들 이야기

- 바다에 사는 동물들이 다양하다는 것을 알게 되었다. 그런데 최근에 우리가 함부로 버린 플라스틱으로 바다 생물들이 고통받고 아파하고 있다는 것을 알고 많이 미안했다.

- 바다에 사는 동식물이 우리 때문에 큰 어려움이 처해 있다는 것을 알게 되었다. 우리가 할 수 있는 일은 찾아서 적극 도와줘야겠다.

- 우리가 사용하는 물건들을 재활용하는 것만으로 바다에 사는 동물과 식물을 도와줄 수 있다는 것을 알게 되었다. 나도 할머니처럼 재활용 마크를 달고 꼭 분리수거를 할 것이다.

- 학교 운동장이나 우리 아파트 주변에도 쓰레기가 함부로 버려지고 있는 것을 보았다. 필요한 물건만 사고, 아껴 쓰고, 쓰레기는 내가 먼저 주워야겠다.

- 바다 쓰레기를 먹은 물고기를 우리가 먹으면 어떻게 될까? 우리도 몸이 많이 아플 것 같다. 우리의 안전을 위해 바다를 지켜야겠다.

선생님 이야기

- 바다에 사는 다양한 동물들을 가상현실 앱으로 관찰하면서 학생들은 바다에 다양한 동물들과 식물들이 살고 있음을 알게 되었다. 에듀테크 도구를 활용하여 바다 동식물을 학생들이 좀 더 쉽게 탐구할 수 있어 좋았다.

- 플라스틱으로 고통받고 있는 동물의 모습을 보고 우리가 바다에 사는 생물들을 도와줄 수 있는 방법에 대해 학생들과 함께 고민하였다. 우리가 삶 속에서 쉽게 실천할 수 있는 지속 가능한 삶의 방식을 찾아 해결책을 찾아보았다.

- 플라스틱을 사용하지 않기, 쓰레기 재활용하기 등 지속 가능한 삶의 방식을 찾아 캠페인을 통해 홍보를 하면서 학생들은 지구 안에 인간과 다른 동식물이 공존한다는 것을 이해하게 되었다.

- 기후 변화, 에너지 문제, 질병, 전쟁, 기아 등 범지구적인 문제를 더 찾아보고 지속 가능한 삶의 방식을 찾아 스스로 실천할 수 있도록 가정과 연계하여 지도하지 못해 아쉬웠다.

가을에는 어떤 것을 볼 수 있을까?

가을에 나는 열매 관찰하기

대추 한 알

글: 장석주
그림: 유리
이야기꽃(2015)

가을이 되면 무엇을 볼 수 있을까? 붉고 둥근 대추가 영글어가는 가을, 그 당연함에 던지는 질문! 따스한 햇살, 비와 바람, 태풍, 고요한 밤하늘의 달빛까지... 그 모든 것을 품고서야 마침내 탐스러운 빨간 대추 한 알이 된다.

가을이 되면 우리 주변의 모습은 어떻게 달라질까?

자연의 변화를 느끼며 할 수 있는 놀이에는 어떤 것이 있을까?

수업 준비

BOOK RECIPE

대추 한 알이 작고 볼품없다고 생각할 수 있지만, 이 책을 통해 그 작은 대추 한 알도 비바람, 홍수, 햇빛, 거름, 농부의 관심과 사랑까지 더해져 만들어진다는 것을 알 수 있습니다. 또한 가을이 되어 달라진 날씨에 따라 가을에 볼 수 있는 것들, 특히 열매와 관련지어 탐색하고, 가을의 모습과 느낌을 다른 교과와 연계하여 다양하게 표현해 볼 수 있습니다.

관련 성취 기준

[바른 생활] [슬기로운 생활] [즐거운 생활] 2022 성취 기준	[2바 03-02] 계절의 변화에 대응하며 생활한다. [2슬 03-02] 계절과 생활의 관계를 탐구한다. [2즐 03-02] 자연의 변화를 느끼며 놀이한다.

수업 활동

읽기 전

수업 주제 및 그림책과 연결 짓는 이야기 나누기

1. 표지에 어떤 것들이 보이나요?
2. 대추 한 알이 자라는 과정은 어떨까요?
3. 가을에 나는 열매는 어떤 것들이 있을까요?

읽기 중

질문으로 내용 파악하기

1. 책에서 나온 열매의 이름은 무엇인가요?
2. 대추가 자라면서 모양, 색, 크기 등이 어떻게 변하나요?
3. 대추가 자라면서 누구에게 도움을 받나요?

인상 깊은 장면을 골라 역할 놀이하기

1. 책에서 인상 깊은 장면 고르기
2. 장면에서 무슨 일이 일어나고 있는지 살펴보기
3. 장면 속 대추의 마음을 상상하며 짝과 함께 역할 놀이하기

대추의 마음을 상상하는 장면

대추 꽃이 필 때

열매에 물이 맺힐 때

비가 많이 올 때

햇볕이 내리쬘 때

BOOK RECIPE

꽃이 피고 열매가 맺히는 계절의 변화 과정을 살펴보면서, 가을 열매와 나의 생활은 어떤 관계가 있는지 이해할 수 있도록 합니다. 또한 읽기 도중 가을 열매가 되어 역할 놀이를 하며, 여러 가지 열매의 마음을 표현해 보도록 합니다.

읽기 후

가을 열매 책 만들기

1. 가을이 되어 달라진 점 이야기 나누기
2. 가을에 나는 열매 알아보기
3. 가을에 나는 열매를 오감으로 관찰하기 (사과, 대추, 감, 배 등)
4. 가을 열매 책 만들기
   - 겉, 속 모양을 그리고 관찰 내용을 글로 간단히 적기
5. 가을 열매가 영글어가는 과정을 몸으로 표현하기
6. 가을 열매가 영글기까지 도움을 준 대상이 무엇인지 이야기 나누기

가을 건강 밥상 만들기

1. 가을에 나는 음식 찾아보기
2. 가을 음식 카드를 활용하여 건강 밥상 만들기
3. 농부와 자연에게 감사한 마음을 담아 편지쓰기

가을 밥상 만드는 방법

가. 가을에 나는 음식 카드(밥, 국, 반찬, 과일)를 수집한다.

나. 식판에는 밥, 국, 반찬, 과일이 골고루 들어 있어야 한다.

다. 음식 카드별로 건강한 밥상을 만든 팀이 승리한다.
(평가 기준: 우리 지역의 가을에 나는 음식)

*참고: 환경교육실천연구회 '지구하자'

BOOK RECIPE

대추가 어떤 과정을 거쳐 꽃이 피고 열매를 맺는지 아이들은 이해하기 어렵습니다. 그림책을 통해 대추 한 알도 여름의 비바람, 홍수, 햇빛, 거름, 농부의 관심과 사랑까지 더해져 만들어진 것을 알게 합니다. 그리고 풍성한 가을을 위해 힘쓰는 농부들과 계절의 변화에 감사함과 함께 계절과 생활과의 관계를 살펴보도록 지도합니다.

수업 자료 및 학습 결과

가을 열매를 오감으로 관찰하기

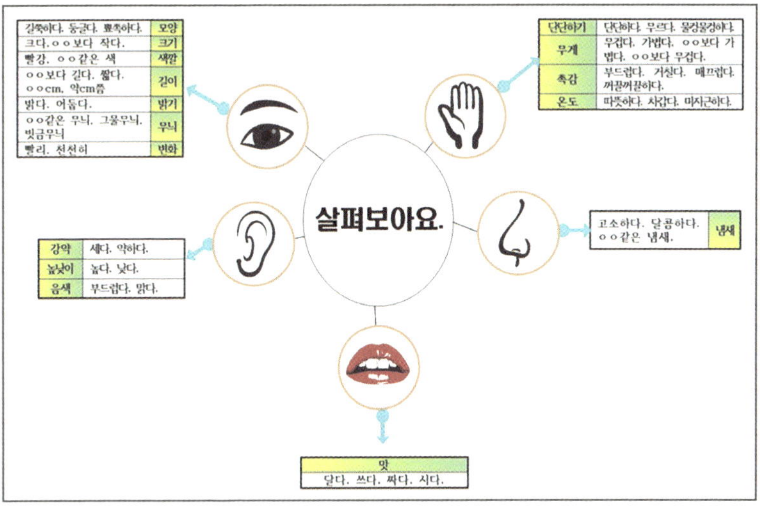

| 가을 열매 관찰하고 표현하기 |

가을 밥상 차리기

※ 가을 건강 식판을 만들어 봅시다. (밥, 국, 반찬, 과일이나 음료)

기준: 1. 가을에 나는 열매나 곡식 (제철음식)
2. 밥, 국, 반찬, 과일이 골고루 들어가기

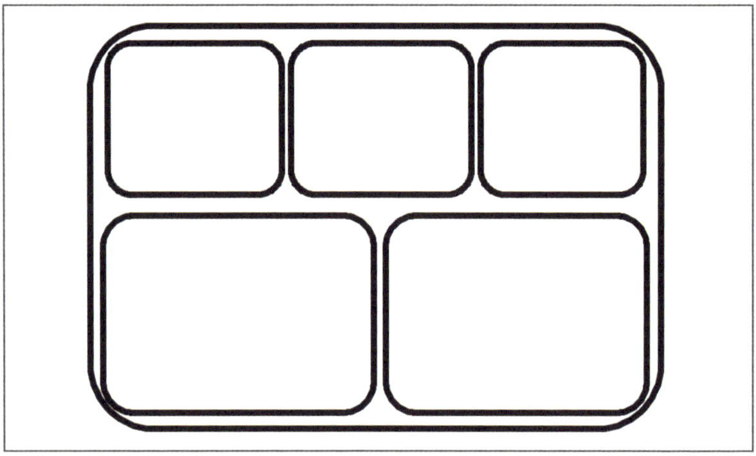

| 건강한 가을 밥상 |

평가(채점) 기준표

성취 기준	[2슬 03-02] 계절과 생활의 관계를 탐구한다. [2즐 03-02] 자연의 변화를 느끼며 생활한다.	
평가 요소	가을이 되어 달라진 자연의 모습을 관찰하고 표현하기	
평가 방법	관찰평가, 학습지 결과물	
평가 기준	상	가을이 되어 달라진 자연의 모습을 오감으로 관찰하고 가을의 변화를 다양하게 표현함.
	중	가을이 되어 달라진 자연의 모습을 관찰하고 가을의 변화를 표현함.
	하	가을이 되어 달라진 자연의 모습을 관찰하고 가을의 변화를 표현하려고 노력함.

관련 도서

수잔네의 봄/여름/가을/겨울	울긋불긋 가을 밥상을 차려요	할머니, 어디 가요? 쑥 뜯으러 간다!
글 · 그림: 로트라우트 수잔네 베르너 보림(2020)	글 · 그림: 김영혜 시공주니어(2014)	글 · 그림: 조혜란 보리(2009)
와글와글 재미있는 이야기가 가득 찬 사계절 그림책이다. 책장을 넘기면서 계절마다 변하는 마을의 모습과 사람들의 일상생활 모습을 관찰할 수 있다.	한 가족이 가을 숲에서 소풍을 가서 숲에서 만나는 동식물을 만나서 가을 밥상을 차린다. 가을에 체험하는 숲의 모습과 밥상 차리기 놀이의 즐거움을 느껴 볼 수 있다.	살랑살랑 봄바람 부는 봄날, 옥이와 할머니는 산으로 들로 갯가로 시장으로 뛰어다닌다. 사람들이 자연 속에서 계절에 어울리는 생활을 하는 모습을 만날 수 있다.

수업 후기

아이들 이야기

- 가을이 되어 우리 주변의 모습이 달라진 것을 알게 되었어요. 벼가 익어 가는 누런 들판도 보이고, 포도, 감, 사과, 배, 호두, 밤 등 다양한 가을 열매들도 주렁주렁 열렸어요.

- 대추 한 알도 열매를 맺으려고 봄부터 농부 아저씨가 고생을 많이 하신 것 같다. 대추는 자라면서 꽃이 피고, 열매가 맺고, 비도 맞고, 햇빛을 받으면서 초록색이 붉은색으로 변해 가는 것을 알게 되었어요. 농부 아저씨뿐만 아니라 자연에게도 감사해야겠어요.

- 가을에 나는 열매를 오감으로 자세히 관찰하고, 그 특징을 다양하게(그림, 시, 몸짓) 표현하는 것이 재미있었다. 내가 가을 마법사가 된 것 같아요.

- 가을에 나는 열매로 가을 건강 밥상 차린 것이 재미있었어요. 햅쌀로 지은 밥과 토란국, 그리고 다양한 반찬과 햇과일이 가득 들어 있어 우리 몸에도 좋을 것 같아요.

선생님 이야기

- 가을이 되어 볼 수 있는 것을 학교 교재원에서 학생들과 함께 찾아보았다. 학생들은 따가운 햇볕, 서늘한 바람, 귀뚜라미 소리를 들으면서 교재원에서 대추, 석류, 감, 모과, 은행 등의 열매가 주렁주렁 열린 것을 살펴보고, 공부 계획과 수행 과제를 스스로 세웠다.

- 학생들은 그림책을 읽고 실제로 가을 열매나 낙엽을 오감으로 관찰하고, 자연의 변화를 다양하게 표현하였다. 특히 봄부터 학교 텃밭에 씨앗을 심고 가꾸어서 열매가 열리는 과정을 직접 살펴볼 수 있도록 한 것이 힘들었지만, 자연의 변화를 직접 체험할 수 있어서 좋았다.

- '대추 한 알' 그림책은 아름다운 그림과 글이 만나 감동을 주었다. 그림책은 학생만을 위한 것이 아니라 교사인 나에게도 위로가 되었다.

다른 나라를 어떻게 소개할까?

다른 나라의 자랑거리와 문화 소개하기

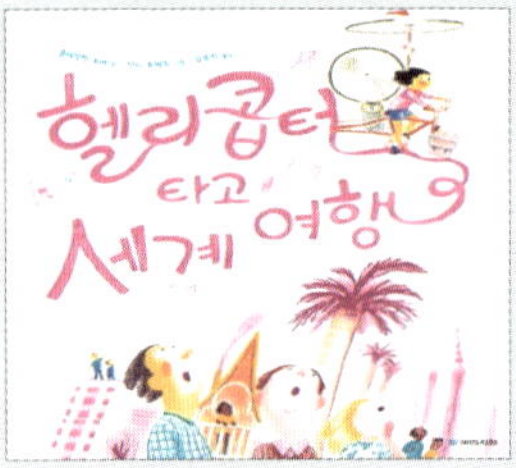

헬리콥터 타고 세계 여행

글: 클레망틴 보베
그림: 안느 루케트
국민서관(2016)

특별한 헬리콥터를 타고 전 세계 7개국 유명 도시의 풍경과 특징을 한눈에 감상할 수 있는 그림책! 영국의 런던, 이탈리아의 베네치아, 이집트의 나일강, 중국의 만리장성, 미국의 브로드웨이 등 부모님께 보내는 짧은 편지들로 이루어진 생생한 세계 여행을 통해 다른 나라에 대한 호기심과 상상력을 자극한다.

만약 나에게 헬리콥터가 있다면, 어디로 세계 여행을 떠나고 싶은가?
그 나라에서 체험한 문화와 자랑거리를 어떻게 소개해 볼까?

수업 준비

BOOK RECIPE

이 책은 여러 나라의 자랑거리와 문화 예술을 다루고 있습니다. 내가 가고 싶은 나라를 비행기를 타고 세계 여행을 하는 즐거운 상상을 하며 간접 경험을 해 볼 수 있습니다. 더 나아가 다른 나라의 문화를 나타내는 작품을 감상하며, 다른 나라 사람들을 만났을 때 지켜야 할 예절도 알아볼 수 있습니다.

관련 성취 기준

[바른 생활] [슬기로운 생활] [즐거운 생활] 2022 성취 기준	[2바 02-03] 차이나 다양성을 서로 존중하면서 생활한다. [2슬 02-03] 알고 싶은 나라를 탐구하며 다른 나라에 관심을 갖는다. [2즐 02-03] 다른 나라의 문화 예술을 체험한다.

수업 활동

읽기 전

수업 주제 및 그림책과 연결 짓는 이야기 나누기

1. '세계 여행' 하면 무엇이 떠오르나요?
2. 그림책 표지에서 세 인물의 표정은 어떤가요? 왜 그럴까요?
3. 만약 나에게 헬리콥터가 있다면, 어디로 세계 여행을 떠나고 싶나요?
4. 다른 나라에 가 본 적이 있나요? 어느 나라를 가보았나요?

읽기 중

질문으로 내용 파악하기

1. 주인공에게 어떤 일이 일어났나요?
2. 주인공이 세계의 여러 도시에서 보고 듣고 느꼈던 것은 무엇인가요?
3. 만약 내가 주인공이라면, 다른 나라에서 무엇을 체험하고 싶나요?

다른 나라의 문화에 대해 이야기 나누기

1. 주인공이 영국의 런던에서 본 것, 들은 것, 느꼈던 일
2. 주인공이 이탈리아의 베네치아에서 본 것, 들은 것, 느꼈던 일
3. 주인공이 이집트의 나일강에서 본 것, 들은 것, 느꼈던 일
4. 주인공이 중국의 만리장성에서 본 것, 들은 것, 느꼈던 일
5. 주인공이 미국의 브로드웨이에서 본 것, 들은 것, 느꼈던 일

BOOK RECIPE

주인공이 세계의 다양한 명소를 찾아다니며 보고 듣고 느꼈던 일에 대해 친구들과 함께 이야기 나누어 보게 합니다. 그리고 내가 만약 세계 여행을 간다면, 어느 나라에 가고 싶은지 지도에서 위치를 찾아보며 다른 나라에 대한 호기심을 높일 수 있습니다.

읽기 후

알고 싶은 나라에 대해 소개하고 싶은 내용 정하기

1. 내가 알고 싶은 나라 정하기
2. 알고 싶은 나라에 대해 소개하고 싶은 내용 정하기
   - 나라의 지리적 위치, 인사말, 볼거리, 먹거리, 놀거리 등

알고 싶은 나라를 탐구하고 놀이하기

1. 내가 알고 싶은 다른 나라의 위치와 국기 조사하기
2. 내가 알고 싶은 나라의 마스코트를 만들기
3. 내가 알고 싶은 나라의 전통 의상을 조사하고 만들기
4. 내가 알고 싶은 나라의 전통 음식을 조사하기
5. 내가 알고 싶은 나라의 전통 집을 조사하고 모형 만들기
6. 내가 알고 싶은 나라의 인사말을 조사하고 전통 노래 따라 부르기
7. 내가 알고 싶은 나라의 장난감을 만들어 놀이하기
8. 내가 알고 싶은 나라의 자랑거리를 알아보고 랜드마크로 표현하기
9. 내가 알고 싶은 나라를 소개하는 여행책을 국어 교과와 연계하여 읽기

알고 싶은 나라에 대해 탐구한 내용을 소개하기

1. 다른 나라 사람들을 만나면 어떻게 대해야 할지 이야기 나누기
2. 세계 문화 가이드가 되어 알고 싶은 나라를 소개하기
   - 그림, 글, 사진이나 영상으로 소개하기
3. 나라와 문화의 관계에 대한 의미 찾기

BOOK RECIPE

세계 여행 어린이 가이드가 되어 내가 가고 싶은 나라와 소개하고 싶은 내용을 학생과 함께 정합니다. 그리고 가고 싶은 나라별로 팀을 짜서 다양한 매체(책, 영상, 인터넷 자료 등)를 활용하여 스스로 다양한 나라의 문화를 조사하고, 그림, 글, 사진이나 영상 등 다양한 방법으로 소개하도록 지도합니다.

수업 자료 및 학습 결과

| 소개하고 싶은 내용 정하기 |

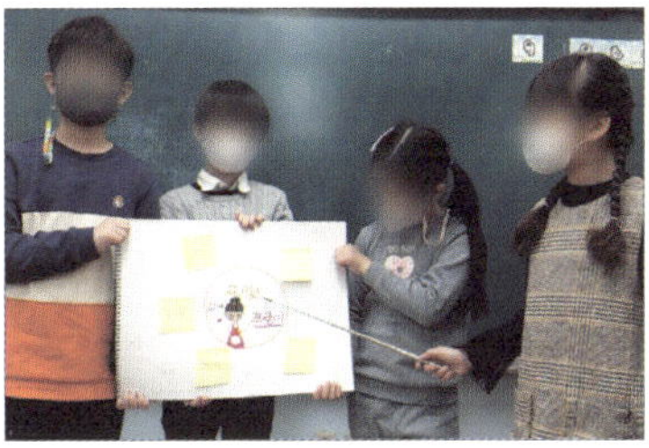

| 알고 싶은 나라 소개하기 |

| 전통 음식 만들기 |

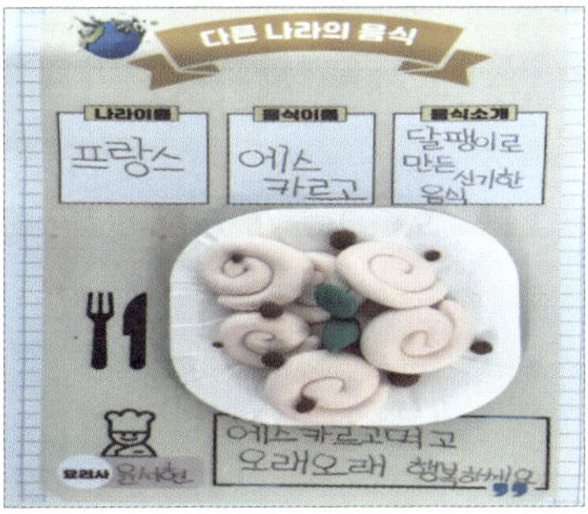

| 마스코트 만들기 |

| 방구석 어린이 세계 여행 e-Book 전시회 |

평가(채점) 기준표

성취 기준	[2바 02-03] 차이나 다양성을 서로 존중하면서 생활한다. [2슬 02-03] 알고 싶은 나라를 탐구하며 다른 나라에 관심을 갖는다. [2즐 02-03] 다른 나라의 문화 예술을 체험한다.	
평가 요소	내가 알고 싶은 나라를 조사하여 소개하기	
평가 방법	관찰평가, 포트폴리오	
평가 기준	상	알고 싶은 나라의 위치와 문화 예술 내용에 관심을 가지고 적극적으로 탐구하며 자세하게 소개함.
	중	알고 싶은 나라의 문화 예술 내용을 탐구하여 소개함.
	하	알고 싶은 나라의 문화 예술 내용을 탐구하려고 노력함.

관련 도서

세계와 만나는 그림책	지구본 세계 여행	일곱 나라 일곱 어린이의 하루
글: 무라타 히로코 그림: 테즈카 아케미 사계절(2013)	글 · 그림: 박수현 책읽는곰(2020)	글 · 그림: 맷 라모스 풀빛(2018)
한눈에 들어오는 그림과 간결한 글로 지구 위의 다양한 사람들이 살아가는 다양한 모습을 재미있게 보여주는 그림책이다.	지구본을 통해 본 세계 여러 나라. 둥근 지구를 축소하여 만든 지구본을 다양한 형태로 살펴보며 우리가 사는 세상을 살펴볼 수 있다.	서로 달라 재미있는 세계 문화 이야기. 일곱 나라에 실제 살고 있는 일곱 어린이들의 하루 일상으로 세계 여러 나라의 생활 방식과 문화를 배울 수 있다.

수업 후기

아이들 이야기

- 우리가 몰랐던 다른 나라의 위치와 문화 예술을 알게 되어 즐거웠다. 나도 비행기를 타고 세계 여행을 떠나고 싶다.

- 세계 여행 공부가 너무 빨리 끝나서 아쉽다. 더 공부하고 싶다. 내가 어른이 되면 내가 공부한 나라에 가서 친구를 만나고, 맛있는 것도 먹고, 다른 나라 장난감을 가지고 함께 놀고 싶다.

- 세계 여행을 하면서 인도에 대해 몰랐던 사실도 알게 되고 정말 즐겁게 공부했다. 다음에는 인도에 직접 가서 음식도 먹어보고, 타지마할을 가보고 싶다. 그리고 다른 나라의 문화에 대해 더 공부하고 싶다.

- 친구들과 함께 소개하고 싶은 내용을 계획하여서 좋았다. 내가 수업의 주인공이 된 것 같아서이다. 그리고 알고 싶은 나라별로 팀을 짜서 책이나 인터넷 자료로 소개하고 싶은 내용을 조사하고, 다양한 방법으로 소개 자료를 만드는 것도 재미있었다. 특히 1학년 학생들에게 소개할 때는 내가 세계 여행 가이드가 된 것 같아 너무 좋았다.

선생님 이야기

- 학생들이 세계 여행 가이드가 되어 자기가 알고 싶은 나라와 소개하고 싶은 내용을 스스로 정하여 탐구 계획을 세웠다. 그리고 다양한 매체를 활용하여 자료를 찾아 에듀테크 도구인 페들렛에 탑재하였다. 이를 통해 학생들이 적극적으로 수업에 참여하였다.

- 학생들은 지구에 사는 다양한 사람들의 모습을 캐릭터로 그리고, 그 친구가 사는 곳의 생활 방식과 문화를 조사하였다. 이름도 다르고, 먹는 음식도 다르고, 사는 곳도 다른 나라를 조사하면서 세계 여러 나라들의 자연환경과 생활 방식이 다르다는 것을 알게 되었다. 특히 페들렛에 조사한 내용을 탑재하여 쉽게 공유할 수 있어서 좋았다.

- 학생들이 배운 것을 1학년 후배에게 ZOOM으로 소개하는 활동을 하면서 뿌듯해하였다. 더 나아가 다른 반과도 연합하여 대륙별로 좀 더 다양한 나라를 조사하여 소개하는 활동을 했으면 좋았을 것 같다.